思想先导理论与实践研究

邹燕娇 著

湖南大学出版社
·长沙·

图书在版编目（CIP）数据

思想先导理论与实践研究 / 邹燕矫著. -- 长沙 : 湖南大学出版社，2024. 8. -- ISBN 978-7-5667-3670-3
Ⅰ. D64
中国国家版本馆 CIP 数据核字第 2024N4987T 号

思想先导理论与实践研究
SIXIANG XIANDAO LILUN YU SHIJIAN YANJIU

著　　者：邹燕矫
责任编辑：王楚潇
印　　装：长沙创峰印务有限公司
开　　本：710 mm×1000 mm　1/16　　印　　张：12　　字　　数：173 千字
版　　次：2024 年 8 月第 1 版　　印　　次：2024 年 8 月第 1 次印刷
书　　号：ISBN 978-7-5667-3670-3
定　　价：40.00 元

出 版 人：李文邦
出版发行：湖南大学出版社
社　　址：湖南・长沙・岳麓山　　邮　　编：410082
电　　话：0731-88822559（营销部），88821691（编辑室），88821006（出版部）
传　　真：0731-88822264（总编室）
网　　址：http://press.hnu.edu.cn

前言

“思想是行动的先导。”① 思想先导即思想是行为的先导。思想是人脑对客观存在的理性反映，思想先导是实践活动中特有的现象，体现了人类生命活动的自由自觉特性。思想先导概念揭示了思想与行为的内在关系，即在人的实践活动中思想先于行为和思想指导行为，强调思想对行为的指导作用和实践活动的自觉特性。

在纪念马克思诞辰二百周年大会上，习近平总书记强调：“中华民族要实现伟大复兴，也同样一刻不能没有理论思维。马克思主义始终是我们党和国家的指导思想，是我们认识世界、把握规律、追求真理、改造世界的强大思想武器。”② “中国共产党人仍然要学习马克思，学习和实践马克思主义，不断从中汲取科学智慧和理论力量，在统筹推进‘五位一体’总体布局、协调推进‘四个全面’战略布局中，更有定力、更有自信、更有智慧地坚持和发展新时代中国特色社会主义，确保中华民族伟大复兴的巨轮始终沿着正确航向破浪前行。”③ 思想先导研究的根本目的在于，以马克思主义科学理论武装头脑，提高人类认识世界和改造世界的能力，自觉用习近平新时代中

① 习近平：《之江新语》，浙江人民出版社，2007。
② 习近平：《习近平著作选读》第二卷，人民出版社，2023。
③ 习近平：《习近平著作选读》第二卷，人民出版社，2023。

国特色社会主义思想推动强国建设、民族复兴。

中西哲学史上不同程度地探讨了思想与行为的关系，为系统研究思想先导问题提供了宝贵的思想资料。西方理性主义崇尚理性，重视人的理性认识对实践活动的指导作用。中国知行关系研究中的“知是行之始”“知了方行得”等观点都内在地包含了思想先导的观念。在思想政治教育学科中深入研究思想先导问题，不仅是对知行理论的深入探究，也是对社会现实的积极回应。思想先导的重要价值体现在既满足了个体的生活、学习和工作需要，又能引领社会的经济、政治、文化、社会和生态文明建设。

马克思主义的主观能动性理论、意识形态理论、精神转化理论和思想先行理论为思想先导研究提供了大量的理论资源。其中，主观能动性理论重点论述了主观能动性形成于社会实践、主观能动性体现自由自觉特性、发挥主观能动性应遵循客观规律等内容，强调思想先导过程应做到合目的性与规律性的辩证统一；意识形态理论认为意识形态具有鲜明的阶级性、实践的指向性和明确的导向性等特点，为社会主义核心价值体系建设工作奠定了坚实的理论基础；精神转化理论阐述了精神转化为物质和精神力量转化为物质力量的内容，论述了精神转化体现人的创造性、精神转化是在一定条件下的转化、精神转化是思想政治工作的根本任务，为促成思想先导过程的积极实现明确了方向；思想先行理论包含人类实践具有思想先行的特点、理性思维是形成先行思想的前提、思想先行是思想政治教育的依据等内容，为遵循思想领先工作原则提供了理论依据。

思想先导就是在实践基础上形成思想并用思想指导和推动实践的过程。形成正确思想、武装实践主体、指导实践活动、深化思想理论等四个阶段有机地构成了思想先导的单一过程。在形成正确思想阶段，人们必须以马克思主义为指导，积极参加社会实践获得直接经验，努力学习科学文化知识获得间接经验，立足社会现实，提升理性思维能力，把握主观与客观相符合的基本规律；在武装实践主体阶段，把人民群众和领导干部作为思想理论武装的对象，以马克思主义特别是中国化的马克思主义最新成果——习近平新时代中国特色社会主义思想武装头脑，注重思想内容的现实性和教育方式的亲近性，激发教育者和受教育者的主动性和自觉性，把握真理与价值相统一的基本规律；在指导实践活动阶段，反对“本本主义”的生搬硬套，做到具体问题具体分析，遵循马克思主义一切从实际出发、理论联系实际的理论品质，把握动机与效果相结合的基本规律；在深化思想理论阶段，反对“经验主义”的浅尝辄止，在实践中推动思想理论创新，把握内化与外化相一致的基本规律。为了充分实现思想先导的积极功能，思想先导过程必须依据先进性、创新性、目标性、主体性和层次性等原则，主要运用理论教育法、思想动员法、经验总结法、舆论引导法和专家引领法等科学有效的方法，最大限度地发挥思想理论对个人发展和社会进步的积极作用。

目　录

第一章　绪　论 ………………………………………………………… 1

一、研究背景与意义 ………………………………………………… 2

二、“思想”概念的界定 ……………………………………………… 16

三、研究现状 …………………………………………………………… 31

四、研究思路 …………………………………………………………… 34

第二章　思想先导的内涵界定 ………………………………………… 37

一、思想先导理论的形成 ……………………………………………… 37

二、思想先导的内涵 …………………………………………………… 45

三、思想先导的特点 …………………………………………………… 53

第三章　思想先导的理论依据 ………………………………………… 57

一、主观能动性理论 …………………………………………………… 58

二、意识形态理论 ……………………………………………………… 65

三、精神转化理论 ……………………………………………………… 72

四、思想先行理论 ……………………………………………………… 78

第四章　思想先导的重要价值 …………………………………… 88
一、思想先导的个体价值 ……………………………………………… 89
二、思想先导的社会价值……………………………………………… 102

第五章　思想先导实现的过程和规律 ………………………… 111
一、思想先导实现的过程……………………………………………… 111
二、思想先导实现的规律……………………………………………… 134

第六章　思想先导实现的原则和方法 ………………………… 146
一、思想先导实现的原则……………………………………………… 147
二、思想先导实现的方法……………………………………………… 161

参考文献 ……………………………………………………………… 177

第一章 绪 论

中国共产党人历来高度重视思想先导工作。毛泽东在《论持久战》一文中指出："做就必须先有人根据客观事实，引出思想、道理、意见，提出计划、方针、政策、战略、战术，方能做得好。思想等等是主观的东西，做或行动是主观见之于客观的东西，都是人类特殊的能动性。这种能动性，我们名之曰'自觉的能动性'，是人之所以区别于物的特点。"① 历史唯物主义认为，社会存在决定社会意识，社会意识对社会存在具有反作用。人的思想属于社会意识中的理性认识范畴，因此，人的思想对行为的超前指导作用就是社会意识对社会存在能动反作用的集中体现。人们无论做任何事情，都是事先形成关于行动的目的、想法和观念，再按照其想法和观念付诸实施。思想先导就是指人们在客观的具体的实践活动中，总是首先形成关于实践活动的各种思想，随后在正确思想的指导下具体地开展自由自觉的实践活动。

"思想等等是主观的东西，做或行动是主观见之于客观的东西"。② 主观与客观、思想与行动之间的对立统一关系构成人类实践活动内在的基本矛盾。正是在这对基本矛盾的运动推动下，人类的具体实践活动不断从必然王国向自由王国迈进，进而推动人类社会的进步和发展。人类实践活动越深入、越发展，就越离不开正确认识的指导，就越要善于处理好主观与客观、思想与行为之间的对立统一关系。只有从理论上深入研究思想与行动的矛盾运动过程，科学地认识

---

① 毛泽东：《毛泽东选集》第二卷，人民出版社，1991。

② 毛泽东：《毛泽东选集》第二卷，人民出版社，1991。

实践中思想对行为的先导作用，才能做到在实践上以正确思想为指导，实现个人的发展和社会的进步，避免错误思想对实践活动的误导。因此，对思想与行为的关系进行专门研究，特别是在辩证唯物主义认识论的指导下研究思想对行为的先导问题，合理界定思想在人类社会实践中的先导作用，系统梳理人类思想史上对于思想先导问题研究的已有成果，揭示思想先导的本质，阐述思想先导的具体内涵，并在思想政治教育学科内探讨思想先导实现的过程与规律、原则与方法，有助于在理论和实践上更好地发挥思想，特别是科学思想理论体系对个人和社会的引领和指导作用。

一、研究背景与意义

思想与行为的内在关系一直是人文社会科学理论研究的重要课题，广大理论研究者从不同角度对思想行为理论进行了不同程度的关注。本书从思想对行为的先导关系维度，在思想政治教育学科内对思想先导的理论和实践进行研究，这不是一个偶然，而是基于对历史与逻辑、理论与现实的深入思考后做出的选择。把思想先导理论作为选题主要基于四个方面：一是对人类实践活动本质特征的探究，二是对社会历史发展规律的探索，三是对思想政治教育学基础理论的思考，四是对中国式现代化建设重大现实问题的关注。

（一）思想先行是人类实践活动的内在特征

马克思主义认为，旧唯物主义的共同的主要缺点是，只是从客体的或者直观的形式去理解对象、现实、感性，而不是从主体方面去理解这些。而唯心主义相反，抽象地发展了人的“能动的方面”，因为，他们是“不知道现实的、感性的活动本身的”，所以把现实的活动不是当作感性的人的活动，当作实践去理解[①]。马克思、恩格斯在

① 中共中央马克思恩格斯列宁斯大林著作编译局编《马克思恩格斯选集》第一卷，人民出版社，1995。

批判旧唯物主义和唯心主义关于人的实践活动的错误认识基础上创立了历史唯物主义辩证论。实践成为辩证唯物主义理论的起点范畴，也成为马克思主义者考察社会历史的独特视角，从而确立了科学的实践的唯物主义。

实践是马克思主义探究人的本质的立足点。马克思主义认为，只有在人的实践活动中洞察人的社会性，才能正确把握人的本质是一切社会关系的总和这一唯物主义历史观的基本观点。有学者指出，实践、感性活动，以及由此产生的人的其他活动，是理解人本身的存在和规定性、理解人的世界、理解人何以会成为现在这个样子、理解人的变易运动和进化发展的基础，是打开人的自我认识之谜的钥匙。[①] 马克思主义者把“从事实际活动的人”作为考察人类历史的出发点，但马克思主义者认为人绝不是“虚幻的人”“离群索居的人”和“固定不变的人”，而是“现实的人”“可以通过经验观察到的人”“在一定条件下进行的发展过程中的人”，以此描绘出人的能动的生活过程。只有这样理解人，历史才不是抽象的经验论者所谓的“一些僵死的事实的汇集”，也不是唯心主义者所认为的“想象的主体的想象活动”，历史只能是人创造性的实践活动的总和。

实践的观点是马克思主义认识社会生活的基本观点，只有把社会生活的本质理解为实践，才能在实践活动中合理地认识世界和改造世界，实现对社会生活的真正把握。马克思主义认为，实践是全部社会生活的本质，社会生活纷繁复杂，只有通过实践才能理解和把握其内在的根本属性，确证社会生活建立在实践基础上。同时，马克思主义者认为，实践是检验真理性理论的唯一标准，反对把理论引向神秘主义，认为只有在人的实践中以及对这个实践的理解中才能检验理论的正确与错误。

立足实践活动，并在马克思主义科学实践观的指导下，对人类实

① 夏甄陶：《人是什么》，商务印书馆，2000。

践活动的内在特征进行深入研究，是坚持和发展马克思主义的基本要求。而只有在人类能动实践活动与动物本能活动的区别中，才能准确把握人类实践活动的特征。因此，马克思主义者在考察人类实践活动时，首先将其与动物本能活动进行了对比。马克思、恩格斯从生命活动这一最基本的实践活动出发，认为人的生理机能需要不是人的终极目的或唯一需要，如果这些机能脱离人的其他活动领域，并成为最后的和唯一的目的，那它们只能是动物的机能，因此，有意识的生命活动才能最终把人与动物直接区分开来。在此基础上，马克思主义者还论述了一切的人类实践活动与动物本能活动的区别。恩格斯指出，自然界的发展是自然的历史过程，因为自然界发生的任何事情都没有自觉的目的和预期，都是没有意识的和盲目的。与此相反，人是具有意识的、能够思考的、为实现某种目的而行动的。

历史发展的结果就是人们按照自己追求、自觉预期的目的而进行实践活动形成的。历史是人民群众实践活动的合力形成的结果，每一个人通过追求本人自觉预期的目的来创造历史。也就是说，历史的创造活动都是在一定思想观念指导下的实践活动，即在实践观念指引下的自觉活动。实践观念是指导实践活动的先行思想，就是关于实践的目的、目标和愿望。正是对于实践观念的自觉向往和有意追求，使得人的实践活动成为了在一定的实践观念规范下的有计划、有目的的自觉能动活动。[①] 人类实践的观念性亦即人类实践的思想先行性，正是这样的有目的的实践活动，成为人类实践行为区别于动物本能活动的显著特征。明确思想先行是人类实践活动的重要特征，人们才能在实践活动中更好地体现自由自觉，注重主观能动性的合理发挥。意志自由是自由活动的观念先导。[②] 意志自由体现了人作为实践主体追求理想和实现目的的主观能动性。

---

① 夏建国：《实践规范论》，中国社会科学出版社，2006。

② 夏建国：《实践规范论》，中国社会科学出版社，2006。

（二）观念引领是人类历史发展的重要规律

规律是对事物内部本质的、必然的、稳定的联系的揭示，具有不以人的意志为转移的客观性，能决定事物发展的必然趋向。只有深刻揭示事物发展的规律，才能实现对事物本质特征的把握；只有把握事物发展的内在规律，才能在行动中做到按规律办事，才能实现事物的健康发展。社会历史有其内在的客观规律，这是众多哲学家对于社会历史发展形成的共识，只是他们对社会规律的认识和理解不一致而已。在哲学史上，以柏拉图为代表的唯心主义者强调从主体性方面把握社会规律，片面强调主体能动性方面，忽视客观制约性方面，认为事物发展的决定因素是“理念”，从而把整个世界理解为一个从低级理念向高级理念有序发展的过程；以费尔巴哈为代表的旧唯物主义者承认自然界的客观规律性，但忽视主体能动性方面，片面强调客观性，强调从客体性方面来研究社会规律。唯心主义和旧唯物主义都没有正确认识和理解人类社会发展的客观规律，前者把社会历史引向无客体的主观主义，后者把社会历史引向无主体的自然主义。马克思主义哲学是实践的唯物主义，在把握社会发展的规律问题上把历史主体的能动性和受动性两者统一起来，它既克服了唯心主义的弊端，又克服了旧唯物主义的不足，因而实现了哲学史上的伟大变革。在《1844年经济学哲学手稿》中，马克思明确指出，人是有生命的自然存在物，一方面是“赋有自然力、生命力，是能动的自然存在物”；另一方面是“受动的、受制约的和受限制的存在物”①。人的“能动”是指人相对于动物所特有的认识世界和改造世界的能力，它包括思想的能动性和行动的能动性；人的“受动”是指人在实践活动中对实践对象、客观环境、现实条件以及事物发展的客观规律的依存性。能动性和受动性在人的实践活动中相互依存、相互制约，在不同的具体条件下对人的实践行为产生不同的作用。只有在人的具体实践活

① 中共中央马克思恩格斯列宁斯大林著作编译局编译《马克思恩格斯文集》第一卷，人民出版社，2009。

动中才能理解人具有能动性和受动性的双重特性，也才能理解社会历史的客观规律性与主观能动性的辩证统一。

系统论告诉我们，人类社会是一个复杂的系统，其中包含着相互联系、相互影响和相互制约的各个子系统。因此，从不同角度、不同层面出发，人们可以深入揭示人类社会发展的各种不同联系，对于其本质的、必然的、稳定的联系的把握就是揭示人类社会发展中的各种规律。共产党人要不断深化对共产党执政规律、社会主义建设规律和人类社会发展规律的认识。因此，在马克思主义科学世界观和方法论的指导下，系统总结人类社会发展的动力系统，揭示人类社会发展的思想先导规律，成为马克思主义者开展理论研究的使命。历史唯物主义认为，社会历史的发展也是一个自然过程，存在不以人的意志为转移的客观规律，并且是在遵循各种规律的基础上实现的有序发展。马克思认为，“社会经济形态的发展是一种自然历史过程”[①]，即人类社会的发展过程具有客观实在性，是自然的历史发展过程。马克思主义认为，生产关系一定要适应生产力发展要求、上层建筑必然反映和维护其经济基础是推动人类社会向前发展的根本动力，这是人类社会发展的根本规律。同时，社会发展作为一个复杂的系统运行过程，它在这一根本动力的基础上也面临多种既对立又统一的矛盾，而且呈现出不同程度的本质的、必然的和稳定的联系。因此，在承认人类社会发展过程中存在生产力决定生产关系、经济基础决定上层建筑的根本规律的基础上，还必须从其他视角研究人类社会发展的本质特点，深刻把握社会历史发展的普遍规律，从而自觉地遵循而不是违背它的各种规律，才能实现社会历史的科学持续发展。

唯物主义历史观认为，历史是人的活动，而且是有自己目的的人的活动，人是历史发展中最重要的因素，也就是说人是历史发展的主体。社会历史中的人不是把人作为工具而达到自己目的的某种特殊

① 中共中央马克思恩格斯列宁斯大林著作编译局编译《马克思恩格斯文集》第五卷，人民出版社，2009。

的人格。相反，人是一种超越性存在，是社会的主体和历史的创造者。人类社会是工业和社会状况的产物，并非一开始就存在且始终不变，而是“历史的产物，是世世代代活动的结果”[①]。马克思、恩格斯在此使用的“历史”指代社会历史而非自然历史，强调社会历史中人的实践活动是有目的的活动，也就是强调社会历史发展是在人的思想意识的指引下而实现的。恩格斯曾这样强调思维对社会发展的作用，认为迅速前进的历史文明完全应“归功于头脑，归功于脑髓的发展和活动”[②]，也就是说，人的思维活动对人类历史发展具有重要的指导作用。

普列汉诺夫认为，社会发展规律必须有人们的中介[③]，否则社会发展就不能实现。人是社会历史活动的主体，其作为主体性存在的不同于其他的自然存在物。马克思将人称作是一种“能动的自然存在物”[④]。能动性是人作为有意识、能思考的有别于其他自然存在物的重要特征。恩格斯指出人同其他动物的最终的本质的区别在于，动物“仅仅利用外部自然界”“单纯地以自己的存在来使自然界改变”[⑤]；相反，人可以支配自然界，通过实践使自然界为自己的目的服务。人在“改变自然界”中正是因为先形成关于“改变自然界”的各种思想意识，才能合理为其设定目的，在“改变自然界”的历史进程中实现人类自身的发展。唯物史观认为，人的主体性实践活动是创造历史的本源性、主导性力量。人类历史发展的进程表明，人是社会历史活动的主体，是有意识、能思虑和有激情的历史主体。人在进行任何

---

① 中共中央马克思恩格斯列宁斯大林著作编译局编译《马克思恩格斯文集》第一卷，人民出版社，2009。

② 中共中央马克思恩格斯列宁斯大林著作编译局编《马克思恩格斯选集》第三卷，人民出版社，1995。

③ 普列汉诺夫：《论个人在历史上的作用问题》，王荫庭译，商务印书馆，2010。

④ 中共中央马克思恩格斯列宁斯大林著作编译局编译《马克思恩格斯全集》第二卷，人民出版社，1995。

⑤ 中共中央马克思恩格斯列宁斯大林著作编译局编《马克思恩格斯选集》第三卷，人民出版社，1995。

活动之前和之中都追求着某种目的，也就是说，人的活动都是在思想的指导下进行的，都有自觉的意图和目的，是自由自觉的行动。随着人类社会的发展，人“就越是有意识地自己创造自己的历史，……历史的结果和预定的目的就越加符合。”①

观念是客观事物在人们头脑中的一种反映形式。泡尔生在《伦理学原理》中指出观念对人类历史发展的引领作用。毛泽东也明确指出：“观念造成文明”②。自然科学和社会科学是人们在认识和改造自然界、人类社会和人的思维的过程中形成的正确观念，它们共同引领人类社会的发展。自然科学为人们在社会实践中认识和利用自然界的规律提供各种可能。如牛顿的力学理论精确地揭示了宏观物体低速运动的客观规律，对天地有别的传统观念形成了极大的冲击，在解放人的思想基础上推动了人类社会的进步。恩格斯充分肯定牛顿及其学说对社会进步的积极影响，他认为，牛顿思想对当时的社会主流思想的冲击是巨大的，不管人们对其理解正确与否，法国启蒙运动的整个纲领是有意识以牛顿的原理和方法为基础的。同时，牛顿思想在一定时期中，使现代西方文化的一些中心概念和发展方向发生了确实是极富创造性的转变，对道德的、政治的、技术的、历史的、社会思想领域和生活领域等这场文化变革产生了不可避免的影响。③恩格斯在《自然辩证法》中高度评价了哥白尼的著作及其对自然科学的影响。史学界把哥白尼的代表作《天体运行论》誉为“自然科学的独立宣言”，它不仅动摇了人们的传统观念，而且在欧洲掀起了一股科学思潮。

同时，社会科学尤其是哲学社会科学在人类社会发展中的引领作用也是日益突出的。英国哲学家霍布豪斯曾预言，没有观念就不会

① 中共中央马克思恩格斯列宁斯大林著作编译局编《马克思恩格斯选集》第四卷，人民出版社，1995。

② 中共中央文献研究室、中共湖南省委《毛泽东早期文稿》编辑组编《毛泽东早期文稿》，湖南人民出版社，2013。

③ 刘相主编《人类思想解放史论》，人民出版社，2007。

发生巨大的变革[①]。从历史上看，法国革命、俄国革命、中国革命等社会历史的巨变都表明，革命思想理论始终走在革命运动的前列，革命思想理论先导的程度和力度影响着整个革命思想意识启蒙的进度，左右着社会制度变迁的程度。哲学是社会变革的前导，社会的现实需要哲学，需要有哲学的引领。哲学就是既要不断地反思、批判和超越现实，也要作为社会变革和发展的前导，为社会发展提供正确、理性的思想观念，引领人类社会的发展。恩格斯曾指出，哲学是时代的产物，哲学革命要以社会一定的经济、政治条件为前提，但由于它是时代在观念上的集中表现，因此，时代的转变、社会政治和经济的变革通常表现为激烈的哲学斗争。正如恩格斯所说，唯物主义必然随着自然科学领域中每一次进步而改变自己的形式。古今中外的人类历史发展表明，历史发展中思想运动和社会运动常常是互为因果的。每一次社会变革的前奏都是人们思想领域的变革。如以“百科全书派”为代表的法国唯物主义哲学，提出反对封建主义、唯心主义和宗教神学的思想观念，而成为轰轰烈烈的法国大革命这一具有伟大历史意义的政治变革的先声。又如，彻底推翻了一切关于最终的绝对真理和与之相应的绝对人类状态的观念的德国哲学革命，成为 19 世纪德国民主革命的序幕。因此恩格斯对此概括说：“正像在 18 世纪的法国一样，在 19 世纪的德国，哲学革命也作了政治崩溃的前导。”[②] 在世界社会主义运动史上，我们更可以看到一代又一代的马克思主义者在实践的基础上实现的理论创新成为人们解放思想、更新观念的指南，引领人类社会不断向社会主义、共产主义发展，成为人类社会主义运动发展的思想武器和精神动力。同时，恩格斯还预言：“只要进一步发挥我们的唯物主义论点，并且把它应用于现时代，一个强大的、一

① 霍布豪斯：《自由主义》，朱曾汶译，商务印书馆，1996。

② 中共中央马克思恩格斯列宁斯大林著作编译局编《马克思恩格斯选集》第四卷，人民出版社，1995。

切时代中最强大的革命远景就会立即展现在我们面前。”① 这一论述充分体现了人的哲学思想理论对人类社会发展的引领作用。在一定意义上说，无产阶级运动是一场意识形态先行的革命。就是说，不是先在资本主义社会出现社会主义经济，然后形成作为对这种客观存在的反映的社会主义观念，而是先有关于社会主义、共产主义的理想，先有对未来新制度的意识、观念、设想，而后在这些意识、观念和设想的指引下，人为地创立社会主义经济和整个社会主义制度。没有作为理想存在的社会主义意识和观念，也就没有无产阶级运动。②

（三）思想领先是思想政治教育的重要原则

思想是人类特有的精神现象，是人脑对在社会实践中获得的各种感性认识进行筛选、整合后的产物。思想政治教育是有组织有目的地影响受教育者的思想品德形成的活动。其实质是调控受教育对象的思想意识从自发走向自觉，从而形成科学的世界观和人生观。因此，思想政治教育应研究人的思想意识的产生、形成过程和特点，深化对人的思想意识及其活动规律的认识，这是提高思想政治教育的科学性和实效性的基础和前提。在思想政治教育科学研究领域中，思想这个概念主要是指对客观存在反映的理性认识，它是培养形成科学的世界观、人生观的思想基础，是形成一定思想道德、社会意识、道德情感和道德意志的基础。行为是生活在一定环境中的人对外部世界刺激后作出的反应，是指人有意识、有目的的活动，是社会因素和自我身心相互作用的产物和表现。人的行为是在思想支配下发起的，思想是行为的内在精神动力，行为则是思想的外在表现。人们的行为不是盲目的、自发的活动，而是有意识的、自觉的活动，都要受一定的思想支配和指导。人们的思想是在已有的行为过程中产生的，是对已有行为过程的反思和总结，但它又对新的、下一步的行为起着

① 中共中央马克思恩格斯列宁斯大林著作编译局编《马克思恩格斯选集》第二卷，人民出版社，1995。

② 罗国杰主编《马克思主义思想政治教育理论基础》，高等教育出版社，1992。

预见和指导的作用，人们总是先有思想而后在这种思想的指导下才采取实际行动的。从总的认识过程来看，行为决定着思想，领先于思想，但从具体的行为过程来看，思想领先于行为，指导着行为，即思想对于行为就具有“领先”的意义。①

思想政治教育的一项重要任务就是要引导人们正确地解决主观和客观的矛盾，使主观正确反映客观，形成正确的思想认识。② 然而，正确思想认识的形成固然要以实践为基础，但也不可能在实践中自发地产生。人们只有在实践的基础上，学习各种科学文化知识，接受思想政治教育，自觉以科学的世界观和方法论作指导，才能形成正确的思想知识。所有科学理论都有其内在的逻辑体系，都是由一系列抽象的概念和范畴构成。同样，思想政治教育学也是由一系列抽象程度不等的概念和范畴形成的理论，而思想与行为是思想政治教育学的重要范畴，这是广大思想政治教育理论工作者的共识。但是，学者们在研究思想政治教育学的范畴逻辑体系时，在思想与行为范畴是“起点范畴”还是“终点范畴”这一问题上提出了不同的意见，如孙文营在《思想政治教育学基本范畴体系划分的新视角》一文中认为，思想政治教育学的终点范畴是思想与行为；徐志远在《试论思想政治教育学基本范畴的逻辑结构》一文中认为，思想政治教育学的起点范畴是思想与行为；张耀灿、郑永廷、吴潜涛、骆郁廷等在《现代思想政治教育学》一书中详细论述了思想与行为为什么能成为思想政治教育学的起点范畴。③ 思想政治教育学的研究对象，是人们思想政治品德形成、发展的规律和对人们进行思想政治教育的规律。根据“两个规律论”观点的不同，笔者更倾向后面一种观点，认为思想和行为是思想政治教育学的基本范畴，是构建现代思想政治教育学科理论体系的理论基石。列宁说：“必须从最简单的基本的东

① 郑永廷主编《毛泽东思想政治教育的理论与实践》，武汉大学出版社，1993。

② 骆郁廷主编《思想政治教育原理与方法》，高等教育出版社，2010。

③ 张耀灿、郑永廷、吴潜涛、骆郁廷等：《现代思想政治教育学》，人民出版社，2006。

西……引申出范畴。”[①] 深化对思想与行为、理论与实践等关系范畴的研究，是研究思想政治教育规律的客观依据，有益于纵深推进思想政治教育学科理论的研究。要揭示思想政治教育学的基本规律，就决定了人们必须首先探讨思想与行为这对关系范畴，把握人的思想和行为活动的基本规律。也就是说，思想政治教育学的研究对象决定了思想与行为确定逻辑起点的范围和界限。同时，思想与行为的内在矛盾运动规定了思想政治教育学的研究对象，只有学习、研究和掌握人们的思想与行为的活动规律，因势利导，才能增强思想政治教育的有效性。

思想先导是思想政治工作的重要原则。思想与行为的矛盾是社会实践的基本矛盾，思想先导就是要引导人们认识和解决社会实践中思想与行动的矛盾，通过改造人的主观世界来改造客观世界，通过影响人的思想观念来影响人的行为。[②] 系统梳理关于思想先导的理论依据和思想资源，有助于从学理上正确把握思想先导概念的提出和演进历史。思想政治教育是有组织有目的地影响受教育者的思想品德形成的活动。其实质是调控受教育对象的思想意识从自发走向自觉，从而形成科学的世界观和人生观。因此，思想品德教育应该重视研究人的思想意识的产生、形成过程和特点，深化对人的思想意识及其活动规律的认识，这是提高思想品德教育的科学性和实效性的基础和认识条件。在思想政治教育科学研究领域中，思想这个概念的内涵和外延就更为丰富、更为广泛了。思想这个概念，除了包括对客观存在反映的理性认识外（这是培养形成科学世界观、人生观的思想基础），还包括人的各种感想和喜怒哀乐等心理意识内容，以及制约人们行为的各种精神要求，它是形成一定思想道德、社会意识、道德情感和道德意志的基础。上述这些属于思想的东西是培养和教育人

① 列宁：《哲学笔记》，中共中央党校出版社，1991。

② 骆郁廷主编《思想政治教育原理与方法》，高等教育出版社，2010。

的世界观、人生观和政治立场观点，以及思想道德、道德情操的基础。总而言之，培养和教育的对象是人的具有复杂构成因素的思想意识系统，思想政治教育就是调控不同人的思想意识，形成特定社会需要的思想品德、道德情操的过程。将思想这个概念进行多角度分析和认识，对于我们正确地认识什么是“思想”以及思想的产生、形成过程和特点是一个不可缺少的前提。

（四）思想先导能加速我国现代化的历史进程

马克思主义认为，思想与现实之间彼此相互需要，而且应努力使思想需要直接成为现实需要，这是因为思想先导的实质在于“认识世界”和“改造世界”。问题是时代的强音，思想是在对问题的深度思考中形成。有学者指出，中国哲学的研究应当旨在如何改善中国人的生活，如何促进中国社会的发展，应当围绕影响中国人生活和中国社会发展的最根本的价值观念和思维方式等开展相关课题的研究[①]。同样，我们的理论研究也应关注中国的现实问题。面对全球一体化、经济市场化、政治多极化、文化多元化的全方位影响，现阶段我国不断坚持和完善社会主义市场经济体制，原有的社会结构发生深刻变动，长期以来经济、政治生活中形成的利益格局需作深刻调整，多元化的社会思潮发展使得人们的思想观念发生深刻变化。现代化转型是我国当前社会发展的最大问题之一，全面深刻地把握我国的现代化转型，对其进行哲学式的思考，为当前的改革和发展提供具有先导性的核心理念和思想，从而引领中国式现代化转型中的各种实践活动，这就是研究思想先导理论的现实需要和最终目的。

社会转型与文化变迁具有内在的互动关系，社会转型必将促使文化变迁，前瞻性的社会思潮与文化革新又成为社会转型的催化剂。学者毛卫平在20世纪末总结近代以来我国社会发展的历程时指出，在过去50多年中，中国社会经历了两次转型：第一次是从“旧社

① 冯平：《面向中国问题的哲学》，《中国社会科学》2006年第6期。

会”转向“新社会”，即从半殖民地半封建的中国，转向社会主义的中国，这是社会制度的根本变革；第二次是从旧体制转向新体制，即从某种苏联模式的社会主义转向中国特色的社会主义。具体表现为“从以阶级斗争为纲到以经济建设为中心，从封闭半封闭到改革开放，从计划经济到社会主义市场经济”，从而得出了“两次社会转型都有哲学的发展作为先导”① 的结论。在此，他从哲学思想对社会转型的先导作用角度较为深刻地总结了我国发展中社会转型的历史经验，即以文化变迁引领社会转型。

随着改革的深入推进，开放格局的逐步扩大，我国社会主义市场经济中的利益主导原则日益简单、清晰。然而，利益结构调整是我国现代转型中最根本的课题，要通过改革来改变长期以来形成的工资制度、干部制度、用工制度等，无疑会使一部分人的利益受到一定影响。然而，人们的观念、观点即人们的意识必将随着生活条件、社会关系、社会存在等方面的改变而改变。利益关系的变化必将引起利益观念与价值观念的变化，由此必然造成全社会的思想观念的变化。当前，我国在调整与重构各种利益关系时出现不当或不适，对社会稳定和经济发展带来一些负面影响，引起社会成员发生价值观的矛盾和冲突，甚至出现心理失衡，这就要求党和政府积极主动在思想理论上从价值层面、思想道德层面引导人们的求利行为，通过各种有效形式，引导社会成员处理好义利、公私等基本道德关系，引导社会成员理性地分析和对待理想与现实、公平与效率的关系，从而为消除利益差别引发的矛盾提供思想保证。

马克思在谈到社会变革时指出：“只有在物质的（因而还有精神的）生产力发展达到一定水平时才有可能。”② 这就告诉我们，人类社会发展的动力系统主要包括物质生产力和精神生产力，精神生产

① 毛卫平：《社会转型的哲学先导》，《北京日报》2000 年 8 月 7 日，第 009 版。

② 中共中央马克思恩格斯列宁斯大林著作编译局编译《马克思恩格斯文集》第八卷，人民出版社，2009。

力不仅影响社会整体生产力，而且也日益成为社会历史飞速发展过程中的主导性动力，同时通过精神生产活动及其成果，也改造与创造了人的本性。在世界各国现代化的历程中，人们很早就预见了精神文化缺失将直接影响人类现代化的进程。只有物质生产力和精神生产力协调发展，现代化转型才能克服其中的种种阻碍。恩格斯曾预言："那种关于精神和物质、人和自然、灵魂和肉体之间的对立的荒谬的、反自然的观点，也就不可能成立了。"① 美国未来学家奈斯比特深刻分析了"技术决定论"的错误观点，并强调技术发展给人类社会已经带来了一系列的社会问题，认为人类必须学会平衡技术的物质奇迹和人性的精神需要②。未来学家托夫勒则指出，当今世界陷入了经济、政治、意识形态等危机。③ 当前，在现代化转型期，影响我国人民精神世界的社会思潮呈现多样化的趋势，传统价值理想、西方价值观念、革命理想追求、各类宗教观念等都在发挥作用，社会主导价值观念随着改革开放正在不断地调整和重塑，这在一定程度上使得人们的精神世界失去了原有的坚定，一部分人在生活世界中失去了正确世界观和价值观的指引，迷失了人生的方向。在社会主义市场经济条件下，人们在生活世界的世俗化、精神世界的理想化之间如何保持适度的张力并相互协调，是当前我国社会主义现代化转型时期要解决的重要问题。因此，在现代化转型的整个改革过程中，必须始终注重做好思想政治工作。

在上层建筑的改革中，必然要涉及人们的思想意识问题。面对全球一体化、经济市场化、政治多极化、文化多元化的全方位影响，党和政府除了用法律和制度等强制手段来规范人们的行为之外，必须以观念引领来整合人们的行为。党的二十大报告指出："我们必须坚

① 中共中央马克思恩格斯列宁斯大林著作编译局编《马克思恩格斯选集》第四卷，人民出版社，1995。

② 奈斯比特：《大趋势改变我们生活的十个新方向》，梅艳译，中国社会科学出版社，1984。

③ 托夫勒：《预测与前提——托夫勒未来对话录》，国际文化出版公司，1984。

定历史自信、文化自信，坚持古为今用、推陈出新，把马克思主义思想精髓同中华优秀传统文化精华贯通起来、同人民群众日用而不觉的共同价值观念融通起来，不断赋予科学理论鲜明的中国特色，不断夯实马克思主义中国化时代化的历史基础和群众基础，让马克思主义在中国牢牢扎根。”这些思想理念的提出，都是解决发展中思想先导的问题。西方社会现代化的历程显示，现代社会转型都是在一定理想目标引导下的自觉，而对社会理想的持有和把握，依靠的就是思想文化。中国的现代化转型不仅是经济结构和政治结构的转型，更根本的体现为文化结构和意识结构的转型。

二、“思想”概念的界定

思想对行为的先导，简称为“思想先导”。思想与行为的内在关系是思想先导理论研究的对象，“思想”是思想先导理论研究的起点范畴。因此，开展思想先导研究，必然要求对“思想”概念进行明确界定。本书将从词义、内涵、实质、结构和功能角度理解“思想”的概念。雅斯贝尔斯在《时代的精神状况》一书中指出，“人是精神”。在此，雅斯贝尔斯以实存哲学式的反思强调了人的精神生活，其观点虽有片面性但很深刻，指出了精神、思想是人所特有的。因此一切关注人、研究人的学科都从不同角度不同程度研究“思想”现象。黑格尔说，绝对本来就在并且愿意待在我们的近旁，① 作为人类自身特有的思想，我们无时无刻不在感受它、理解它、领悟它，本应该是我们最熟悉的东西。然而，我们越是和它发生“关系”，就越发现它的陌生和神秘。因此，迄今为止，对于什么是思想人们经常说不清道不明，且尚未形成一致的意见，这就为全面研究“什么是思想”提供了极大的可能性和必要性。

① 黑格尔：《精神现象学》，商务印书馆，1981。

（一）“思想”的词源学含义

在古代，“思想”两个字常常分开使用。《说文解字》中指出，“思，容也。从心囟声，凡思之属皆从思”。心和囟都是象形字。“心”即心脏，古人认为心是思维的器官，“心之官则思，思则得之，不思则不得也”。不但如此，古人常常把心也看作感情的器官，“心”包括关乎情感和认识的事情。“囟”即颅囟，脑袋顶上的囟门，也就是现代意义上的大脑。按照古代一般的理解，大脑只管认识不管情感。从古人的理解中，我们可以知道“心”的包容性较大，囊括现代意义上的情感和认识。由“心”和“囟”结合的“思”是一个会意字，反映了思的行为与心脏和大脑有关，心脏和大脑是形成思的物质基础。“想，冀思也。从心，相声。”意思是说，想是一种特殊的思，一种冀思，即一种希望、向往、意愿和意欲。因此，我们通过对关于“思”和“想”的词源意义考究不难发现，“思”和“想”两者意思相近，而且古代的是以“思”为基础来解释“思想”的。只有理解了“思”，才能把握“思想”。因此，可以断定，在古代“思想”作为一个词必定具有“思维、认识”之义，但它既包括情感意义上的“思想”，也包括认知意义上的“思想”，即情感和认识的统一体。“思想”在词源学上的本来含义也被目前很多学者接受和坚持，即“思想”跟人的认识和思维有关。如《汉语大字典》就完全沿用了《说文解字》的理解，分别解释“思”和“想”。因此，我们通过对“思”和“想”的词源意义梳理发现，它们虽然经常被分开使用但意思相近。

现代汉语中，人们也经常把“思想”分解为“思”和“想”。“思”顾名思义为思考，即人们在经过大脑的逻辑思维后产生的一种对大自然、人类社会的判断，“想”指在人们脑中产生的判断。因此，现代意义上的“思”和“想”意思相近，有时“思”和“想”通用，如“思念”也可以说成“想念”。更多情况下，“思想”在现代汉语中作为一个名词被使用。有时“思想”指想象，如曹植在

《盘石篇》中用到“仰天长太息，思想怀故邦”；有时“思想”指思考和思虑，如《素问·上古天真论》中的“外不劳形于事，内无思想之患”；有时“思想”指思维活动的结果，属于理性认识，亦称“观念”。[①] 前面两种用法中，“思想”显然作为动词使用。后面一种用法，“思想”作为名词使用。《辞海》中对“思想”的释义为：思维活动的结果，属于理性认识，亦称“观念”[②]。有的词典中这样解释“思想”：①犹言思念也；②心理学名词，就已知事物加以思维而产生之意识现象也。[③] 有学者对“思想”在现代汉语中的词义进行了整理和归类，认为其有三种含义：一是客观存在、反映在人的头脑中经过思维活动而形成的结果，二是念头和想法，三是思量[④]。有的认为“思想”只有两种含义，其一与观念同义，其二指相对于感性认识的理性认识成果，认为思想可以表现为通过概念的联系，概括地说明现象的本质和规律的理论原理，也可以表现为观点的综合的理论体系[⑤]。学者傅安洲、黄少成总结指出：“目前对思想概念的界定，主要包含了以下几个方面。一是认为思想即理性认识，是相对于感性认识而存在，是对感性认识加工的结果；二是认为思想是客观存在反映在人的意识中经过思维活动而产生的结果；三是认为思想即思维活动的方式；四是认为思想即理论体系，如，毛泽东思想等。”[⑥] 以上“思想”的四种用法在现代汉语（包括书面语和口头语）中都被广泛地使用。由现代汉语词典中关于“思想”的种种解释我们可以概括出，在现代汉语中，“思想”的内涵相对于古人的理解进一步缩小，仅指人的认识，而不包括人的情感等心理活动。

---

① 辞海编辑委员会编《辞海》第三卷，上海辞书出版社，1999。

② 辞海编辑委员会编《辞海》第三卷，上海辞书出版社，1999。

③ 辞海编辑委员会编《辞海》第三卷，上海辞书出版社，1999。

④ 中国社会科学院语言研究所词典编辑室编《现代汉语词典》，商务印书馆，2016。

⑤ 中国大百科全书总编辑委员会《哲学》编辑委员会，中国大百科全书出版社编辑部编《中国大百科全书·哲学》第二卷，中国大百科全书出版社，1987。

⑥ 傅安洲、黄少成：《关于政治教育学若干重要问题的思考》，《湖北社会科学》2010 年第 8 期。

“思想”也是马克思主义理论中出现频率较高的词汇，马克思主义者主要从以下角度使用“思想”一词。一是把思想与观念和意识并列使用，如在《德意志意识形态》一文中，“思想、观念、意识的生产最初是直接与人们的物质活动……人们是自己的观念、思想等等的生产者”①。二是把思想当作意识形态使用，无差别地交替使用两个概念。如“任何意识形态一经产生……它就不是把思想当作独立地发展的……”② 三是把思想与感觉、动机、意志等并用。如，“外部世界对人的影响表现在人的头脑中，反映在人的头脑中，成为感觉、思想、动机、意志，总之，成为‘理想的意图’”③。四是把思想等同于精神。如“统治阶级的思想在每一时代都是占统治地位的思想……同时也是社会上占统治地位的精神力量。”④ 又如，马克思、恩格斯也经常把“思想”与“观念”“意识”“认识”组合一并使用，即“思想观念”“思想意识”和“思想认识”。从这些表述，我们可以得知，马克思主义者在更广泛的意义上，即人的内心世界层面上理解“思想”一词，指称人的意识、观念、感觉、认识、精神等人的全部主观世界，没有严格地区分它们之间的差别。所以，我们在探寻马克思、恩格斯关于思想先导的观点和理论时，就应该把讲到意识、观念、感觉、认识、精神等人的主观世界部分的内容都加以研究。要确切把握思想的内涵，必须分析“思想”与“精神”“观念”“意识”“认识”等概念的区别和联系，将思想这个概念进行多角度分析和认识。作为马克思主义的继承者，列宁和毛泽东有时也在广义上使用“思想”一词，但更多情况下他们也对思想作了狭义上的理

① 中共中央马克思恩格斯列宁斯大林著作编译局编《马克思恩格斯选集》第一卷，人民出版社，1995。

② 中共中央马克思恩格斯列宁斯大林著作编译局编《马克思恩格斯选集》第四卷，人民出版社，1995。

③ 中共中央马克思恩格斯列宁斯大林著作编译局编《马克思恩格斯选集》第四卷，人民出版社，1995。

④ 中共中央马克思恩格斯列宁斯大林著作编译局编《马克思恩格斯选集》第一卷，人民出版社，1995。

解，即理解为认识尤其是理性认识。如列宁把感性认识到理性认识的转化叫作“从感觉到思想的转化”，把感性认识称作感觉，将其排除在思想的内涵之外，认为思想只能是认识中的理性认识部分。毛泽东在《人的正确思想是从哪里来的?》一文中也明确指出，思想就是理性认识。

现代汉语中，人们经常把“思想”与“精神”“认识”“意识”和“观念”等概念不加区别地使用。马克思主义认为，研究任何现象，不仅要看到这个现象同其他现象的联系，而且要揭示它们之间的差别。因此，在界定“思想”的内涵时，还必须考察“思想”的邻近概念“精神”“认识”“意识”“观念”等，在与这些邻近概念的区别和联系中准确把握“思想”的内涵。

在哲学上，“精神”有广义和狭义之分。广义的“精神”是指与“物质”对应的哲学基本范畴，泛指人的意识、思维活动和一般心理状态，凡是属于“形而上”的现象都可以成为“精神”；狭义的“精神”是指相对于一般意识之上更为本质的意识，是各种意识现象的内核和灵魂。从狭义的角度理解，人们经常将思想与精神同用，在思想政治教育的经典著作中也常见这种情况。然而，现代汉语中使用的“精神”是与“物质”相对应的概念，唯物主义常将其当作“意识”的同概念，指人的内心世界现象，包括思维、意志、情感等有意识的方面，也包括其他心理活动和无意识的方面。显然，精神与思想有共同的内容即感性基础上的理性认识。但是，精神的内涵比思想要丰富得多，它不仅指包括认识（作为理性认识的思想和感性认识的综合），还包括人的心理状态。因此，思想只是精神的一部分，是精神中较高层次的内容。但在指理性认识这一点上，思想与精神可以通用。人的精神世界是一个有机的系统，每一个方面都处在于其他方面的密切联系、相互影响之中，因而每一个方面的发展都将促进其他方面的发展。在人的精神世界中，理性是一个十分重要的因素。尽管存在着情感、意态、心理体验等非理性的东西，但人们在精神生活和实际行动中，主要还是靠理性的指引。

观念译自希腊语 idea，通常指思想，有时亦指表象或客观事物在人脑中留下的概括形象。广义的观念是一切由认识作用而产生的意识内容的总称，如感觉、知觉、想念、想象等皆包括在内，狭义的观念指不依外界刺激而产生的认识，即过去印象之再现于意识中获得的认识。由此可知，观念是感性认识和理性认识的集合，比思想的内涵更宽。但在指理性认识这一点上，观念和思想两者有时通用，如“思维及其思想产物即观念在这里是本原的”①。但观念亦指表象或客观事物在人脑中留下的概括的形式，如马克思指出：“观念的东西不外是移入人的头脑并在人的头脑中改造过的物质的东西而已。”② 同时，观念与思想之间有细微区别，即观念是思想中相对稳定的内容。

意识是与“物质”相对应的哲学范畴，是人的头脑对于客观物质世界的反映，是感觉、思维等各种心理过程的综合，其中的思维是人类特有的反映现实的高级形式。在哲学上，意识和思维有时是同义的概念，但意识一词的范围较广，一切精神现象如知觉、记忆、想象等皆为意识的内容。思想必须经过大脑的理性思考才能形成，是意识中的理性认识部分，比一般的意识更为深刻且稳定。

认识是人的头脑对客观世界的反映，既包括人的各种感觉器官对事物表象的直观的、形象的感觉、知觉、表象即感性认识，也包括人脑对事物经过概念、判断、推理等形式形成的内在的、稳定的认识即理性认识。思想是认识中的理性认识部分，人们凭借抽象思维对客观对象内部联系的认识，是感性认识基础上的高级形式。因此，思想和认识两者在逻辑学意义上是属概念和种概念的关系，既有联系又有区别，不能把思想等同于认识。

① 中共中央马克思恩格斯列宁斯大林著作编译局编《马克思恩格斯选集》第四卷，人民出版社，1995。

② 中共中央马克思恩格斯列宁斯大林著作编译局编《马克思恩格斯选集》第二卷，人民出版社，1995。

现代汉语中和马克思主义中“思想”一词的使用和理解，为现代思想政治教育学对“思想”概念的界定提供了理论依据。然而，作为思想政治教育学的核心概念，不同的学者对于“思想”的具体内涵也给予了不同的回答。出于对“思想”的广义和狭义的不同理解，思想政治教育学研究者也对思想的内涵进行了各自的探讨。有的学者从物质的对立面来把握思想的内涵，如“一切非物质的社会关系如政治关系、法律关系、道德关系、宗教关系、学术关系等都属于思想的社会关系”①，认为政治、法律、道德、宗教、学术都是思想的内容。在思想政治教育学科内，“思想”有时也指某种理论体系，以系统化、理论化的形式呈现对事物的理性认识，如毛泽东思想、儒家思想等。思想政治教育学科内的专家学者对以上两种认识分歧很少，但在思想的内涵是否包括感性认识这一问题上却存在分歧。目前，在思想政治教育学科内，对思想的内涵主要存在以下认识：有的学者认为，思想既包括感性认识也包括理性认识，是感性认识和理性认识的统一体。如唐在锦、姜艳在文章中指出：“一般来说，思想是属于意识中理性形式的那一部分，然而在思想政治教育中，也常包含意识中感性形式的一部分。”② 有的学者认为，思想只能是人的认识中经过思维活动而形成的理性认识，感性认识不是思想的内容。邹学荣在《思想政治教育学》一书中指出：“思想是指客观存在反映在人的头脑中经过思维活动而产生的观念，即人在改造自然、改造社会等活动中产生的一种认识。”③ 王玄武、骆郁廷教授也指出，在思想政治教育学中，人的思想一般是指人的理性认识。④ 他们还说，理性认

① 张耀灿、郑永廷、吴潜涛、骆郁廷等：《现代思想政治教育学》，人民出版社，2006。

② 唐在锦、姜艳：《思想政治教育中的“思想与行为”范畴研究》，《法治与社会》2009年第6期。

③ 邹学荣：《思想政治教育学》，西南师范大学出版社，1992。

④ 王玄武、骆郁廷主编《思想教育政治教育道德教育比较研究》，武汉大学出版社，2002。

识即思想，不同于感性认识，是认识的高级形式。[①] 又如，郑芸、孙其昂在《论思想政治教育学视角中的“思想”》一文中指出，“思想”指人脑对社会经济基础和上层建筑的能动反映，本质上是人的政治思想素质与立场、观点、方法并支配人的行为的理性认识。由此可见，在现代思想政治教育学中，一些学者倾向于从广义上界定“思想”，而更多的学者坚持第二种观点，把思想的内涵明确界定为理性认识。

思想政治教育学科自产生以来，理论界坚持以辩证唯物主义为指导，遵循了马克思主义的唯物主义思想路线，普遍认为“思想”就是客观存在反映在人的头脑中，经过思维活动而形成的结果。首先，这一认识继承了马克思主义的唯物论思想，认为思想是在实践的基础上对客观存在的反映，是对应于物质而言的，人们的存在决定人们的思想，思想具有第二性。其次，这一认识遵循了辩证唯物主义认识论的基本观点，认为“思想”是一种认识，是人对客观存在经过思维活动而形成的结果，以观点、念头和想法的形式呈现，具有相对独立性，且对社会存在具有能动的反作用。

“思想”内涵界定不明确，必将阻碍对思想先导各种理论问题的深入探讨。因此，在思想政治教育学视角中科学地解析“思想”这一核心概念，不仅是深入研究思想先导理论问题的前提，也是人们根据思想行为活动规律发挥思想先导功能的基础。综合马克思主义经典作家的论述和现代思想政治教育学众多学者的观点，鉴于理性认识相对于感性认识更多包含人的理性成分，能把握事物的内在本质，具有较为稳定和深刻的特点，本节把“思想”明确界定为人的理性认识，认为对以概念、判断和推理等形式形成的对事物的理性认识才是“思想”。“思想”的内涵不包含人的感性认识，因此对事物表象

① 王玄武、骆郁廷主编《思想教育政治教育道德教育比较研究》，武汉大学出版社，2002。

形成的直观的、形象的感觉、知觉、表象等感性认识只是理性认识形成的基础，但不属于本书的研究范围。

（二）思想的类型

人的思想是具有内在结构的系统。[①] 为了进一步深入探讨“思想”这一复杂现象，人们试图从不同角度对思想作区分，以此开展丰富而深入的研究。

人们根据理性认识是否符合客观事实及其内在规律，把思想区分为正确思想和错误思想。毛泽东就明确指出，“一切根据和符合于客观事实的思想是正确的思想”[②]。人们往往把正确思想称为“真理”，正确的思想又导以与之相符合的正确的行动，对客观事物的发展起促进作用。如毛泽东指出，代表先进阶级的正确思想，一旦被群众掌握，就会变成改造社会、改造世界的物质力量。[③] 因此，人们的实践活动中需要正确思想的指导，为人们指引正确的行动方向和提供强大的精神动力。一切背离客观事实的思想都是错误思想，它将把人们的行动引向歧途，故而对客观事物的发展起阻碍作用。正确思想是对客观实际的正确反映，错误思想是对客观实际的歪曲反映。思想是否正确不能靠“本本”来检验，也不能以上级领导的意见为检验标准，更不能以某种超自然的神或其他力量来判断，只能在人们的实践中获得检验。实践是检验思想是否正确的唯一标准，人们不能脱离客观实际空谈思想的正确与错误，否则就违背了马克思主义的唯物主义认识论。

人们还根据思想是否代表事物未来发展的必然趋势将其区分为先进思想和落后思想。先进思想是在揭示事物发展规律的基础上对事物未来发展的正确把握，符合事物发展的内在规律和必然趋势。先

① 冷浩然、唐志龙、罗剑明主编《思想政治工作中的哲学问题》，上海人民出版社，1997。

② 毛泽东：《毛泽东选集》第二卷，人民出版社，1991。

③ 中共中央文献研究室编《毛泽东文集》第八卷，人民出版社，1999。

进思想的一个重要品性是超前性，它能根据事物发展的规律预判事物发展的未来。但一种先进思想的出现，即使是真理也不一定被人们很快接受，可能会被冷落、受抑制，遭扼杀。[①] 新生事物的产生多将表现为对陈旧的、日渐衰亡的、但为习惯所崇奉的秩序的叛逆[②]，必将受到保守阶级和人士的反对。先进思想的形成和发展也是如此，大多数人很难在第一时间欣然接受，甚至很多情形下视之为叛逆而试图扼杀，只有在实践中被反复证实且呈现出优于一般精神力量时，人们才能接受。落后思想是代表过去事物或者即将过去事物发展的思想，它往往作为传统的保守力量阻碍新生事物的发展。随着事物的不断向前发展，落后思想必将被先进思想所取代，这是思想发展内在运动的必然规律。马克思曾指出，发展进程中的一切现实的东西都会丧失自己的必然性、自己存在的权利、自己的合理性，变得不现实，必将被一种新的、富有生命力的现实的东西取代。[③] 这一论述深刻揭示了先进思想和落后思想的辩证发展规律。但是，先进思想和落后思想是相对存在的，曾经在一定历史阶段的先进思想可能退化为落后思想。如资本主义思想相对于封建主义思想是先进思想，但当前相对于社会主义思想来讲，就已经成为落后思想。这就要求我们遵循主观世界发展的辩证法，在人们的思想领域不断地推陈出新，获得思想理论的创新，实现思想由相对真理到绝对真理的发展，实现人们从思想世界的必然王国向自由王国的迈进。

自阶级产生以来，人们又根据思想的阶级属性把思想区分为统治阶级思想和被统治阶级思想。统治阶级思想就是占统治地位的思想，是占统治地位的阶级的思想；被统治阶级思想就是那些没有精神

① 张世欣、周凌：《思想教育活力论——思想道德教育理念的若干甄辨》，浙江大学出版社，2009。

② 中共中央马克思恩格斯列宁斯大林著作编译局编《马克思恩格斯选集》第四卷，人民出版社，1995。

③ 中共中央马克思恩格斯列宁斯大林著作编译局编《马克思恩格斯选集》第四卷，人民出版社，1995。

生产资料的人的思想，是受统治阶级支配的。统治阶级的思想即“国家意识形态”，统治阶级必将通过各种程序把其思想上升为国家意志，变为普遍遵循的思想意志。在阶级社会中，统治阶级思想以主流社会价值的形式通过有组织、有计划的“灌输”活动被广大人民群众所接受。只有当统治阶级思想与被统治阶级思想基本趋向一致时，统治阶级开展的思想教育、思想引导的目标才得以实现。

（三）思想的基本特点

思想是人类思维活动的结果，是相对于感觉、印象等感性认识的理性认识，具有抽象性、历史性、派生性、现实性和能动性等基本特点。

1. 思想的抽象性

思想是人们思维活动的结果，属于理性认识的范畴。思维是人脑对客观现实概括、间接的反映，揭示事物的本质和事物间规律性的联系，包括逻辑思维和形象思维。人的思维活动必须借助概念、判断、推理等循序渐进的理性形式。概念是把事物之间的相同性质抽取出来并对其加以概括形成的理性认识。毛泽东说，概念不是事物的现象、各个片面、外部联系的把握，而是抓着了事物的本质、全体、内部联系。相比感觉，概念不但有数量上的差别，而且有了性质上的差别。单个概念无法进行思维和表达思维，必须把多个概念联系起来，对事物进行肯定或否定，形成对事物之间联系的把握。判断是相对概念而言更高的思维形式，反映事物之间的联系，是在概括基础上形成的对事物的断定。推理是判断的进一步发展，是由一个或几个已知的判断，推导出一个未知的结论的思维过程，是从已知的知识得到未知的知识，主要包括演绎推理和归纳推理。人们思维活动的结果基本上以概念、判断和推理的形式呈现，与感性认识的感觉、知觉和表象相区别，表现了思想的深刻性、内在性和持久性。思想是思想政治教育学的逻辑起点范畴，是最简单的范畴，也是最抽象的范畴，它是客观世界在人脑中经过思维后形成的理性认识。理性认识是认识的高级阶段，在感性认识的基础上，把所获得的感觉材料，经过思考、分析，加以去粗取精、去伪存真、由此及彼、由表及里的整理和改造，形成概念、判断、推理。思想作为理性认识不同于感性认识的最大特点在于它的抽象性，抽象就是抽取事物的本质属性，丢弃事物的非本质属性。如恩格斯所说："精神本身只是物质的最高产物[①]"。思想的形成需经过大量感性认识的积累，在错综复杂的表象基础上把具有相同性质的事物抽出来，建立事物之间的联系，对事物的认识经过从感性的具体到理性的抽象，进而把握其性质、属性和特征。"我们在思想中把个别的东西从个别性提高到特殊性，然后再从特殊性提高到普遍性；我们从有限中找到无限，从暂时中找到永久，并且使之确立起来。然而普遍性的形式是自我终结的形式，因而是无限性的形式；它把许多有限的东西综合为一个无限的东西。"[②] 思想是对事物间接的反映，使得思想与具体事物之间保持一定的距离，但是思想相对感性认识而言能更深刻地反映事物的内在联系。正确地抽取事物的共象而形成的正确思想能更深刻、更全面地反映事物的本来特征，正如黑格尔在《哲学史讲演录》中所说，思想必须独立，必须达到自由的存在，必须从自然事物里摆脱出来，并且必须从感性直观里超拔出来。他还说，思想认识思想这样的存在是事物的本质，是绝对的全体，是一切事物的内在本质。列宁也说："物质的抽象，自然规律的抽象，价值的抽象及其他等等，一句话，那一切科学的（正确的、郑重的、不是荒唐的）抽象，都更深刻、更正确、更完全地反映自然。"[③] 要想获得正确的思想，不仅应在实践的基础上占有大量的感性材料，还应具备基本的理性思维能力。理性思维是一种自觉的、遵

---

① 中共中央马克思恩格斯列宁斯大林著作编译局编《马克思恩格斯选集》第四卷，人民出版社，1995。

② 中共中央马克思恩格斯列宁斯大林著作编译局编《马克思恩格斯选集》第四卷，人民出版社，1995。

③ 中共中央马克思恩格斯列宁斯大林著作编译局编译《列宁全集》第五十五卷，人民出版社，1990。

循一定逻辑形式的思维形式，蕴含着强大的逻辑力量。列宁说，认识是一系列的概念、规律等的构成、抽象过程，这说明人的思想在于把感性的具体上升为抽象的规定，在事物的联系和统一中揭示出其共同的本质。

2. 思想的历史性

思想的历史性是指思想的形成、发展和消失都伴随着一定的历史条件。思想的历史性至少包括三个方面的含义。第一，思想是一定历史条件下的产物，是一定时期社会存在的反映。马克思、恩格斯曾指出，每一个时代的经济生产和社会结构，是同时代政治的、精神的和历史的基础。这里的精神即指思想，说明思想的历史的基础只能是一定历史时代的经济生产和社会结构。恩格斯在《自然辩证法》中也指出，每一个时代的理论思维都是一种历史的产物，但在不同时期中理论思维的形式和内容都必定带上时代的烙印。同时，马克思和恩格斯认为思想进程的始端必须追溯历史的发端，并深刻指出，“历史从哪里开始，思想进程也应当从哪里开始”①。第二，思想的深度和广度受到时代条件的限制，思想的程度不能脱离具体的历史条件。人们只能在自己时代的条件下去认识，条件达到的程度与人们认识达到的程度基本一致。这就告诉我们思想的发展程度必然受客观存在各种条件的制约，时代条件的发展也将决定思想的深度和广度。第三，思想随历史条件的变化而变化。思想是人们生活条件、社会关系、社会存在在人脑中的能动反映，人们的思想观念随其生活条件、社会关系、社会存在的改变而改变。一旦这些客观存在发生变化，思想将必然发生改变。同时，思想也随自然科学的进步而进步。唯物主义在自然科学领域中每一个划时代的发现之后都必然要改变自己的形式。恩格斯以唯物主义为例，说明自然科学的进步也对思想的变化起到一定的作用。在阶级社会中，思想的历史性体现为思想必定打上

① 中共中央马克思恩格斯列宁斯大林著作编译局编《马克思恩格斯选集》第二卷，人民出版社，1995。

阶级的烙印，正如列宁所指出的，“在为阶级矛盾所分裂的社会中，任何时候也不可能有非阶级的或超阶级的思想体系”①。

3. 思想的现实性

思想的现实性包括以下五个方面的内涵：第一，人脑是思想现实的物质基础。“头脑的辩证法只是现实世界，即自然界和历史的各种运动形式的再现。”② 思，从心，囟声，由心和囟结合的“思”是一个会意字，反映了思的行为都与脑有关。没有健全的大脑就不可能形成思想，思想意识的形成是大脑发展的结果。如恩格斯指出，“我们的意识和思维，不论它看起来是多么超感觉的，总是物质的、肉体的器官即人脑的产物”。③ 头脑的发展是人类关于意识产生的基础。“但是随着手的发展，头脑也一步一步地发展起来，首先产生了对影响某些个别的实际效益的条件的意识，而后来在处境较好的民族中间，则由此产生了对制约着这些条件的自然规律的理解。”④ 同样，人类关于事物的一切思想都是建立在人脑这一现实的物质基础之上。第二，思想是在人类实践中产生和发展的，并随实践的发展不断修正和完善。人的思想，虽然是一种主观形态的东西，但它产生的基础和根源，发展变化的动力，只能是实践活动。实践是客观的现实性的物质活动，因此思想不能脱离现实的实践活动，否则就会成为无源之水。同时，检验思想是否正确的标准也只能是实践，人的思维是否具有客观的真理性，本身就是一个实践的问题。因此，实践的现实性本原地规定着思想的现实性。同时，思想的内容随着社会实践的发展而日益丰富。第三，思想的内容具有现实性，源于各种客观存在的现实关

① 中共中央马克思恩格斯列宁斯大林著作编译局编《列宁选集》第一卷，人民出版社，1995。

② 中共中央马克思恩格斯列宁斯大林著作编译局编《马克思恩格斯选集》第四卷，人民出版社，1995。

③ 中共中央马克思恩格斯列宁斯大林著作编译局编《马克思恩格斯选集》第四卷，人民出版社，1995。

④ 中共中央马克思恩格斯列宁斯大林著作编译局编《马克思恩格斯选集》第四卷，人民出版社，1995。

系，源于人们的现实生活，与人们的物质生活、物质交往和物质行动等。马克思、恩格斯说，人的感觉、思想、动机、意志就是外部世界对人的影响表现和反映在人的头脑中，深刻指出了思想对客观内容的依赖性。同时，人们的想象、思维、精神交往是人们物质行动的直接产物。同时，他们还指出，自然界、他们和肉体组织都是现实的客观存在，思想的内容不是来自唯心主义者所谓的“先知先觉”，而是现实生活的产物。第四，思想的形式必然要直接或者间接地服务于人们的现实生活。马克思在《神圣家族》中批判了布鲁诺·鲍威尔的观点，认为思想不但不能离开利益，而且是为了更好实现人们的利益而形成和发展的。第五，思想的现实性还体现在思想作用的实现需要现实的人。正确的理论不能只是空谈一阵和束之高阁，并不实行的理论再好也是没有意义的。

4. 思想的能动性

马克思主义坚持能动的反映论，反对机械的反映论，认为人的认识不是对客观事物一对一的照镜似的反映，不只停留在对事物表象的认识，还将根据人的需要有意识、有目的地深入事物的内部进行抽象而深刻的认识。唯物辩证法认为，思想来源于客观实在，但又反过来作用客观实在，对现实世界的解释和批判功能就是思想作用客观实在的体现。恩格斯说，物质生活条件是原始的起因，但并不排斥思想领域也反过来对这些物质条件起作用。毛泽东在《论持久战》中指出思想体现人的自觉能动性，是人之所以区别于物的特点。思想的能动性还突出地体现在思想被人民群众掌握后将变成强大的物质力量。思想不是物质，无遮体之用，无解饥之能，但思想却是一种精神财富，可以转化为无穷的物质力量，这是对思想能动性的深刻认识。思想经常以理论的形式出现。人们在表述一个事物时，往往不是使用单独的概念、判断和推理，而是以它们的有机组合构成关于事物的思想理论，因此思想在大多情况下以理论的形式表现出来。理论是人们由实践概括出来的关于自然界和社会的知识的有系统的结论，即系统的理性认识，具有内在的逻辑性和系统性，是人们实践经验的总结和提升。毛泽东在《整顿党的作风》中指出：“真正的理论在世界上只有一种，就是从客观实际抽出来，又在客观实际中得到了证明的理论。”理论形态的思想往往能成为人们的精神武器，并转化为认识世界和改造世界的强大推动力量，因此，人们都非常重视理论的学习和武装。

三、研究现状

思想先导是哲学社会科学研究较多的课题，但综观国内外理论界，关于思想先导的研究呈现出以下特征：浅层次的研究较多，深层次的研究不够；实践经验层面的较多，理论探讨层面的不够；分散研究的较多，系统研究得不够。下面将从三个方面分析关于思想先导的研究现状。

（一）关于思想先导的内涵研究

理论界对思想先导内涵的认识基本一致，即思想支配行动，思想是行动的先导；理论指导实践，正确的理论是实践的指南。但是不同的研究者从不同的角度使用“思想先导”概念，具体有两种说法。一是“思想前提”说，即把“思想先导”等同于“思想前提”。如有学者认为马克思主义是共产党的理论先导；有学者认为马克思东方社会发展理论是东方经济文化落后国家进入社会主义的思想先导；有学者认为毛泽东思想是中国特色社会主义理论体系的思想先导……以上这些论述都是从思想前提的角度界定“思想先导”。二是“理论价值”说，即从理论价值的角度解读思想先导。如有学者认为魏源人才伦理思想是探究时代精神的理论先导，有学者认为邓小平发展理论是科学发展观的思想先导，有学者认为邓小平小康思想是全面建设小康社会的理论先导……以上这些论述都是从理论当代价值的角度来界定“思想先导”。

（二）关于思想先导的文本研究

韩玲在《马克思的理论教育思想研究》一文中认为，马克思在创立马克思主义理论的过程中形成的关于教育、武装无产阶级及广大人民群众的思想，考察了马克思关于理论教育的目的、作用、主体、客体、内容、原则、方法等方面的论述。郑洁、欧阳梅在《恩格斯：理论与实践相结合的光辉典范——兼论恩格斯在理论教育中坚持的根本原则》中认为，恩格斯在马克思主义理论教育史上的突出地位和重要贡献之处在于他在深刻把握理论教育内在规律和基本内容的基础上，一生践行理论与实践的有机结合，始终坚持理论与实践的辩证统一，正确运用了科学的理论教育原则。吴远、曹芸在《列宁的马克思主义理论教育思想及其现实意义》一文中，认为列宁十分重视马克思主义理论教育，指出理论教育是马克思主义大众化得以实现的必要途径，强调必须用整体的马克思主义对大众进行理论教育。在理论教育的价值取向上，他重视理论教育在战胜资产阶级的反抗和培养社会主义事业建设者方面的作用。列宁认为理论教育工作者必须贴近现实生活，善于因材施教，尽量用事实说话并使用简洁的语言，他还总结了学校教育、大众教育和自我教育等理论教育的具体实现途径。石云霞在《试论邓小平的马克思主义理论教育思想》一文中认为，邓小平阐述了理论教育在现代化建设事业中的重要地位和作用，揭示了理论教育的本质和发展规律，确定了面向 21 世纪中国理论教育改革和发展的基本原则和方向，是马克思主义理论教育思想在当代中国的新发展。陈晶莹在《习近平关于文化强国建设战略思想研究》中认为，《习近平谈治国理政》《习近平总书记系列重要讲话读本》等著作，是新时代中国特色社会主义思想的重要组成部分，也是中国特色社会主义理论体系的重要内容。习近平总书记关于文化强国建设战略思想是从顶层设计的层面、国家战略的高度对如何满足人民日益增长的文化需求，丰富人民的精神世界，增强人民的精神力量，促进人的全面发展等现实问题的积极回应。

（三）关于思想先导的其他研究

1. 关于思想解放与社会变革的关系研究

荣开明在《关于新时期解放思想问题的几点认识》一文中认为，解放思想是改革开放新时期社会变革的先导；刘小平在《新时期解放思想的时代启示》一文中认为，思想是一切社会变革的先导，我国30年改革开放伟大实践的每一次历史性跨越，都是以解放思想为先导的；《解放思想是社会发展的先导》一文中认为思想先导促进社会的全面发展，其主要观点有解放思想是改革开放的必然前提，解放思想是实际工作开展的基础，解放思想是经济发展的力量源泉。

2. 结合历史时段对于思想先导的研究

李智晔、肖东波在《延安整风与马克思主义理论教育》中认为，延安整风是在一个特定历史时期开展的全党的普遍的马克思主义理论教育，也是一个全党的思想解放运动。延安整风为党开展马克思主义理论教育提供了很多有益的经验。肖云岭在《井冈山斗争时期的理论创新及其启示》中认为，井冈山斗争时期的创新理论明确了中国革命的舞台、基地、途径和中国革命所必须依靠的主要力量，对中国共产党的建设和人民军队的建设进行了有价值的探索，奠定了建党建军的理论基石。

3. 思想先导的基本经验和启示研究

任纪虎在《延安整风运动中中国共产党理论教育的基本经验与现实启示》中总结了当时理论教育的基本经验：解放思想，实事求是，坚持用真正的马克思主义理论教育广大党员干部；延安整风中兴起的调查研究之风，不仅成为延安整风中纠正和破除教条主义、主观主义的法宝，也成为中国共产党的一项重要的有成效的了解民情的方法和途径；必须坚持理论联系实际的学风；整风运动采取了“惩前毖后、治病救人”的方针，特别提倡批评与自我批评。黄家茂在

《党的十六大以来马克思主义中国化理论创新的基本经验》中，总结党的十六大以来马克思主义中国化的理论创新的基本经验有：始终坚持一条思想路线、一个理论主题、一个工作中心、一个价值取向、一个互动结合和一个基础工程。

4. 思想教育的先导性作用研究

思想教育的先导性是就思想教育在德育中的地位而言的。相对于政治教育、道德教育而言，思想教育具有先导性作用。采取什么样的世界观和方法论决定了其他教育的指导思想及内容选择，也决定了其所用的方法及取得的成效。[①]

5. 对于思想先导的规律研究

刘生康在《党的理论宣讲论纲：党委讲师团的历史与发展》一书中认为，在中国共产党自身建设规律中，执政后的思想建设规律包括党的意识强化规律、党的理论创新规律、思想先导规律和马克思主义主导社会意识规律。颜培正在《基层带兵学》中结合带兵工作认为思想先导规律是古今中外带兵的普遍规律。

四、研究思路

本书遵循理论与实践相结合的原则，采取历史与逻辑相统一的方法，以思想与行为的内在联系为研究对象，着重研究思想对行为、理论对实践的超前引导关系。本书主要分为四个部分，第一部分论述“思想先导是什么”，从历史的思想资源中梳理出思想先导概念的形成脉络，从而明确思想先导的内涵，把握思想先导的本质；第二部分阐述思想先导研究的理论基础，通过主观能动性理论、意识形态理论、精神转化理论和思想先行理论分析思想先导理论研究的依据；第

① 王玄武、骆郁廷：《思想教育政治教育道德教育比较研究》，武汉大学出版社，2002。

三部分论述思想先导的重要价值，包括思想先导对个体和社会的重要价值；第四部分论述思想先导的实现，深入研究思想先导实现的过程和规律、原则和方法，力求在实践层面探讨正确思想在个人发展和社会进步中如何实现思想先导的积极功能。

本书从理论、历史与现实相结合的角度对思想先导问题进行深入研究，具体内容结构如下：第一章绪论部分重点阐述研究缘由，界定思想先导的核心概念——“思想”。第二章科学界定思想先导的内涵，首先从思想先导的提出引入，考察人类思想史上对于思想先导问题的研究成果，从中揭示出思想先导的本质，即思想先导是实践基础上形成理性认识并用思想引导和推动实践的过程。具体包括，思想先导是人类实践活动特有的现象，揭示了思想与行为的内在关系，强调思想对行为的指导作用、旨在以正确理论指导人类实践。重点分析思想先导的自觉性、目的性、预见性和导向性等特点。第三章系统梳理思想先导的理论依据，在原著研读的基础上归纳概括出马克思主义者关于思想先导的理论基石，即主观能动性理论、意识形态理论、精神转化理论和思想先行理论。第四章具体分析思想先导的研究价值，分别从思想先导在生活领域、学习领域和工作领域探讨其个体价值，从思想先导在经济领域、政治领域和文化领域探讨其社会价值。第五章探究思想先导实现的过程和规律，从形成正确思想、武装实践主体、指导实践活动、深化思想理论等四个环节分析实现思想先导的过程，揭示出思想先导过程中的四个规律，即主观与客观相符合、真理与价值相统一、动机和效果相结合、内化与外化相一致。第六章探讨思想先导实现的原则和方法，认为思想先导实现的原则包括先进性原则、创新性原则、目标性原则、主体性原则、层次性原则，从理论教育法、思想动员法、经验总结法、舆论引导法、专家引领法等研究实现思想先导的具体方法。

思想先导既是理论探究的重大课题，也是现实发展的突出问题。

因此，研究思想先导问题，首先要清楚界定“思想先导是什么”，对于思想先导内涵和本质的探讨自然成为本书的重点之一。同时，应在思想政治教育学科内重点探究“如何实现思想先导”，因此本书试图深入探讨思想先导实现的过程和规律、原则和方法。

第二章　思想先导的内涵界定

一、思想先导理论的形成

思想先导是理论研究的重要课题。意识是在社会实践基础上随着交往与语言的产生、发展而形成和发展起来的，意识及其对实践活动的指导是人类特有的现象，意识活动化和活动意识化是人类的根本特点。[①] 因此，人类对思想先导问题的认识由来已久，对于思想先导的认识，是从哲学上对“思想”认识的不断深化开始的。哲学领域内对于思想先导的研究从来就没有停止过。前人所做的相关研究，给我们提供了深刻的启示。自人类形成意识起，人们就开始探讨思想与行为之间的内在关系。人类思想史上从未停止过对于思想与行为、知与行之间的理论探讨。其中，西方理性主义和中国知行观中都不同程度地探讨了思想对于行为、理论对于实践的先导关系，为马克思主义思想先导理论的形成和发展提供了思想资源。

（一）西方理性主义关于思想先导的思想

崇尚理性，重视人的理性认识对实践活动的指导作用是西方理性主义的主题，理性主义者共同表达了一种人类行为应该由理性所支配的观点。古希腊的精神哲学以某种“客观”的精神尺度，即人的理性为人们行为的指南和判断行为的尺度。西方哲人泰勒斯运用理性思维，提出“水是万物的始基”的著名判断。这无疑是关于认

① 骆郁廷：《精神动力论》，武汉大学出版社，2003。

识世界的一个理性判断，它不仅包含一个抽象的能够作为哲学范畴的概念——“始基”，而且隐含着一种认识论的基因，观察分析个别的具体事物，并对感觉经验进行了一系列抽象概括的结果。由于时代的限制，泰勒斯尚未从更深层次认识世界，但这一判断集中体现了人类的理性认识。正如黑格尔所说：“什么地方普遍者被认作无所不包的存在或什么地方存在者在普遍的方式下被把握或思想之思想出现时，则哲学便从那里开始。”①

“从毕达哥拉斯到亚里士多德的理性传统，既奠定了‘理性主义’的本体论基础，也设置了理性对于实践的规范权威。”② 毕达哥拉斯的“数”恢复了主体精神创作功能，用人的理性取代神性。苏格拉底提出“善”是最高的行为准则，把“善”作为普遍理性与个体理性的结合体，实质上是对人与自然、认识与被认识、改造与被改造关系的论述。③ 由此可知，苏格拉底把人对“善”的理性认识作为指导行为的观念，在此强调了认识与实践的统一，但他并未跳出传统理性的窠臼。“苏格拉底之死已经表明，理性的逻各斯如果不形成制度，成为支配现实生活的客观原则，个别人的‘灵异’是无济于事的。”而后，柏拉图作为理性传统的集大成者，充分强调了人的理性的作用，提出了“理念世界”的理性王国，作为个体理性与普遍理性的有机统一。为了把握理念，柏拉图制定了他的“辩证法”，当然不是“把观念型混乱的那种智者派的辩证法”，而是“在纯概念中运动的辩证法，是逻辑理念的运动”。亚里士多德在古希腊理性主义发展史上建构了一个宏伟的思辨哲学体系。他认为人有理性，提出了“人是理性动物”的命题，认为唯有教育才能把人们引向善德，唯有教育才能增强人的理性。人们可以达德成善，源于三端，一是出生时

① 黑格尔：《哲学史讲演录》第一卷，商务印书馆，1959。
② 夏建国：《实践规范论》，中国社会科学出版社，2006。
③ 夏建国：《实践规范论》，中国社会科学出版社，2006。

所秉天赋，二是后天养成的习惯，三是内在的理性。[①] 因此，在古希腊时期，古典哲学家对于理性认识给予了较多的关注，不管是毕达哥拉斯的“数”，还是苏格拉底的“善”或柏拉图的“理念”，都是对于自然现象及其规律的理性表达，虽然具有浓厚的“自然”色彩，但由此形成的理性认识即思想可以作为行为的尺度，而亚里士多德则在一定程度上把理性认识作为人们认识世界和改造世界的基础。

近代以来，理性主义传统在西方获得了充分发展。近代理性主义者不仅强调了理性认识的重要作用，而且提出了“思想决定行为”的观点，明确指出了思想对于行为的指导作用。近代理性主义代表弗朗西斯·培根关于理性的认识，集中反映了近代理性主义者的发展，认为理性认识对于人类知识的形成很重要，相信人具有理性认识而拥有的理智力量，并且明确提出了“思想决定行为”的观点。培根还认为，世界是不以人的意志为转移的客观存在，人的认识只有通过感性经验从客观外界获得。他认为，人是自然界的仆役和解释者，因此他所能做的和所能了解的，就是他在事实上和思想上，对于自然过程所见到的那么多。他还认为断定感官为衡量万物的尺度，是很大的错误，在强调感性认识的同时也重视理性认识，主张在经验与理性之间建立一个真正合法的婚姻，使二者有机结合形成新的科学知识。培根认为知识的形成，除感官经验外，理性认识也很重要，经验并不是单纯地看、听、摸等，并非只是对个别事物的知觉，而是在理性引导下的思索着的、批判的经验，经验无法揭示事物的本质与规律，理性认识则是关于经验材料的概括整理。作为理性主义的代表，培根坚定地相信人类理智的能力，他认为只要人们认识到理智是一种巨大的力量，并且愿意追求这种力量，运用这种力量，那么人类就可以获得更多的东西。培根在《习惯论》中的“思想决定行为”明确表达了思想与行为的内在关联，深刻揭示了思想在人的行为、习惯、性格和

① 张耀灿、郑永廷、吴潜涛、骆郁廷等：《现代思想政治教育学》，人民出版社，2006。

命运中的决定作用。

（二）中国知行观中关于思想先导的论述

思想与行为、理论与实践的关系是理论研究的重要课题，人们习惯性地将其称为知行观。古往今来，思想与行为之间的内在关系是众多哲学家们探讨的重要问题。知行观就是研究思想与行为内在关系的重要理论，具体探讨思想与行为的先后问题、难易问题、轻重问题、主从问题。我国思想史上，知行关系也是众多理论研究者关注的焦点，他们从不同角度对知行问题进行了长期探讨，形成了知行先后观、知行轻重观等理论。知行关系是中国传统哲学的重要命题，中国传统哲学家在道德领域对“知”和“行”的关系进行了深入探讨，理解虽然是直观的、笼统的和经验的，特别是缺乏对概念的逻辑分析和科学抽象，但其中却包含了“思想先导”思想的萌芽。“知先行后”，自古至今，根深蒂固，也是一部分哲学家关于知行先后关系的论述。董仲舒主张“知先行后”“凡人所欲行为，皆以其知先规而后为之”。程颢和程颐明确提出“力行须先知”的观点，《河南程氏遗书》中说：“到底，须是知了方行得，然不致知，怎生行得？……须是识在所行之先，譬如行路，须得光照。”朱熹继承“二程”而又有创新，“如程子云：‘涵养须用敬，进学则在致知。’”“分明自作两脚说，但要分先后轻重。论先后，当以致知为先；论轻重，当以力行为重。……致知力行，用功不可偏。”“知是行的主意，行是知的功夫；知是行之始，行是知之成。”王夫之指出：“知虽可以为行之资，而行乃以为知之实。”

中国传统知行观在强调“知先行后”的同时，也强调“知”对“行”的引导和支配作用。“知之愈明，则行之愈笃；行之愈笃，则知之益明。”从而使“知之浅、行之小”向“知之深、行之大”发展。宋代程颐认为“君子以识为本，行次焉”“须是知了方行得”，主张“知”指导“行”。他认为，人做任何事情，都必须以“知”为指导，以对那件事情的认识、了解为基础，然后才去行动，好比行路需要光照一样。“知”对于“行”来说，就是那指路的明灯。只有在“知”的指导下，“行”才有方向，才有可能到达目的地；没有“知”的指导，“行”是不可能的，或者是没有任何意义的“冥行”。可见，“知”在“行”先，“知”比“行”更根本、更重要。陆象山主张“吾之本心”乃“行”之源泉；“知之在先，行之在后”，认为这个本末次第是不能颠倒错乱的。王阳明则更为明确地认为“知是行的主意，行是知的功夫；知是行之始，行是知之成”。注重“知”对“行”的先导，突出了主观能动性。从程朱理学、陆王心学及至近代启蒙思想家梁启超的“新民说”、谭嗣同的“心力说”以及孙中山重视革命理论作用的“知难行易说”，都体现了中国传统哲学在知行关系中对主体性及其主观能动性作用的注意和强调。

（三）马克思主义关于思想先导概念的形成

马克思主义在批判继承唯心主义和旧唯物主义的基础上，科学地认识了思想与行为之间的辩证关系，认为思想是客观存在在人脑中的反映，思想的内容具有客观实在性，行为是“主观见之于客观”的对象性活动，是在一定思想观念的指导下开展的有意识、有目的的对象性活动。马克思主义思想先导理论不是一蹴而就的，它有一个形成、发展的历史过程。

马克思在《资本论》的“劳动过程”中，深刻揭示了人的实践活动中的显著特征——思想先行，他通过将人设计建筑这一实践活动与蜜蜂筑巢的本能活动进行对比，深刻揭示了人类与其他动物的本质区别，即人的实践活动是在思想的支配下进行的有意识、自由自觉的对象性活动，这正是人类实践活动中“思想先导”的基本思想。他说，劳动过程结束时得到的结果在过程开始时就已经观念地存在劳动者的表象中。马克思在此强调了人的劳动过程中，劳动的结果与劳动过程开始时的观念的一致性，这就表明人的劳动过程，就是围绕着“观念地存在着”的目标和蓝图而进行的，在具体的劳动过程中先有劳动的观念，而且劳动的观念指引着劳动的结果。而劳动的观念就是人关于劳动过程的目的和目标的思想，劳动就是人的实践行为的一种。恩格斯曾指出，人对自然界的作用带有经过思考的、有计划的、向着一定的和事先知道的目标前进的特征①。由此可知，马克思、恩格斯的这些论述虽未明确提出“思想先导”概念，但已经深刻地蕴含了“思想先于行为”的观点。

对于思想为什么能成为行为的先导以及思想如何成为行为的先导，恩格斯在《路德维希·费尔巴哈和德国古典哲学的终结》中明确指出，就单个人来说，他的行动的一切动力，都一定要通过他的头脑，一定要转变为他的意志的动机，才能使他行动起来②。恩格斯在此深刻揭示了人的思想行为活动规律，即需要—动机—行动的动力—行动。其中，“他的意志的动机”就包括对于行动的理性认识即思想。因此，恩格斯的这一论述也包含了“思想先于行为”，从人的思想行为活动规律的角度揭示了人的实践活动中“思想先行”的特点。

对于思想对行为的先导作用，马克思主义者在表述中，有时用“支配”和“决定”来表明思想对行为的先导作用；有时以“指引”表明思想对行为的先导作用；有时以“制约”表明思想对行为的先导作用。

马克思主义经典作家除了论述“思想先导”在一般性的人类实践活动中的体现，还特别结合人类社会发展的特殊实践活动——政治变革阐述了“思想先导”的理论。恩格斯在《路德维希·费尔巴哈和德国古典哲学的终结》一文中谈到德国古典哲学对于政治革命的贡献时说，“正像在 18 世纪的法国一样，在 19 世纪的德国，哲学

① 中共中央马克思恩格斯列宁斯大林著作编译局编《马克思恩格斯选集》第三卷，人民出版社，1995。

② 中共中央马克思恩格斯列宁斯大林著作编译局编《马克思恩格斯选集》第四卷，人民出版社，1995。

革命也作了政治崩溃的前导”[①]。在此，恩格斯提出了“哲学前导”的概念，认为18世纪的战斗唯物主义是法国革命的先导，19世纪的德国哲学革命是政治革命的先导，高度赞扬了哲学革命的历史意义。哲学理论对社会革命的积极意义，正是哲学理论成为政治革命的先声，为社会革命在思想理论上做了充分的准备。列宁结合俄国的社会主义运动在《怎么办》一文中指出，“没有革命的理论就没有革命的行动”，“革命理论”就是关于革命的系统的思想，“革命的行动”就是政治变革的具体实践。在此，列宁特别强调了革命理论对于革命行动的先决条件，深刻阐述了“革命思想先行”的意义，认为革命理论是革命行动的前提条件，革命行动是在革命理论的指导下进行的。中国新民主主义革命初期，毛泽东结合中国革命的具体实践，认为只有中国新民主主义革命者尤其是革命的共产党人掌握了马克思主义这面旗帜，才能领导老百姓从事具体的革命活动，其中也包含了“革命理论是革命实践的先导”的观点。他还结合中国的社会主义革命实践指出，首先引导舆论，夺取政权。然后解决所有制问题，再大力发展生产力，这是一般规律。[②] 他又说，“人类之有进步，有革命，有改过之精神，则全为依靠新知之指导而活动者也”。[③] 毛泽东在这些论述中强调了思想宣传与革命行动的先后关系，只有以革命思想武装革命阶级才能夺取政权。

在马克思主义思想先行理论的指导下，中国共产党人提出了思想领先原则。如，由谭政起草，由毛泽东、周恩来主持的《关于军队政治工作问题的报告》中明确指出，“在一定物质基础上，思想掌握一切，思想改变一切”。又如，“思想的进步过程，就是工作的进步过程，就是群众情绪的进步过程”“干部思想的进步是一切工作进

① 中共中央马克思恩格斯列宁斯大林著作编译局编《马克思恩格斯选集》第四卷，人民出版社，1995。

② 毛泽东：《毛泽东选集》第四卷，人民出版社，1991。

③ 郑永廷：《毛泽东思想政治教育的理论与实践》，武汉大学出版社，1993。

步的枢纽，只有在干部思想有了进步之后，工作的进步才是真正可靠的进步”“一切工作的进步都应以思想进步为基础”“共产党有一条，就是把工作做好，必须先从思想上解决问题”[①] ……这些论述都不仅体现了中国共产党人对思想领先原则的认识，而且体现了在一切工作中应坚持思想领先原则的主张。

明确提出思想先导概念是中国共产党的理论创新。江泽民指出，思想是行动的先导。[②] 在此，中国共产党人已经明确提出思想先导概念。

在提出思想先导概念的基础上，中国共产党人还将思想先导理论运用于党的一切工作中，认为掌握思想教育是“团结全党进行伟大政治斗争的中心环节”[③]，明确提出要重视军事理论的先导作用。实现科学发展，必然要求我们以解放思想为先导。实现正确的思想先导也是中国马克思主义者的致力追求。毛泽东在《论持久战》中结合中国和日本的战争环境、条件和性质，为广大抗日战争失败论者提出了一条建设性的意见，即思想先导，“做就必须先有人根据客观事实，引出思想、道理、意见，提出计划、方针、政策、战略、战术，方能做得好”[④]。毛泽东认为，思想是行动的先导，要实现成功的行动，把事情做好，则必须有正确的思想作指导。毛泽东还说：“人们要想得到工作的胜利即得到预想的结果，一定要使自己的思想符合于客观外界的规律性，如果不合，就会在实践中失败。”[⑤] 江泽民总结我国的现代化建设实践经验，指出实践基础上的理论创新是社会发展和变革的先导。毛泽东还结合党的领导工作提出了一切领导工作不但要从实际出发，而且要思想先行。中国共产党人通过理论创新的先导揭示思想先导的内在要求，指出理论创新是社会发展和变革

① 邓小平：《邓小平文选》第一卷，人民出版社，1994。
② 江泽民：《江泽民文选》第一卷，人民出版社，2006。
③ 毛泽东：《毛泽东选集》第三卷，人民出版社，1991。
④ 毛泽东：《毛泽东选集》第二卷，人民出版社，1991。
⑤ 毛泽东：《毛泽东选集》第一卷，人民出版社，1991。

的先导，是治党治国的宝贵经验。

二、思想先导的内涵

从前面的论述中可以知道，本书的思想先导研究将“思想”明确界定为人的理性认识。“先导”在现代汉语中，即向导、指导和引导的意思，如“错误常常是正确的先导”。从思想先导概念的历史生成中，特别是马克思主义经典作家对于思想先导的论述中，我们可以将思想先导的本质明确界定为：实践基础上形成理性认识并用理性认识引导和推动实践的过程。也就是说，在人的具体实践中思想先于行为，事先形成一定的思想，而后开展具体的实践活动。

（一）思想先导是实践活动特有的现象

在自然界的进化链上，人和动物不同。人具有高度发达的大脑，具有理性思维能力，能透过现象看到本质，形成理性认识的思想。动物有心理而无思想，其活动完全是自发的、无意识的、本能。人是自然界长期进化的产物，又是自然界中独特的存在，人的独特之处正在于自然界给人以特有的思想和受思想支配的行动。动物的心理只能是对事物的具体形象的感性直观，而人的思想则在感性直观的基础上提升到理性认识的层面；动物心理的外泄和沟通借助于简单的动物语言，而人的思想的表达和交流则依靠比动物语言复杂得多的概念、判断和推理等人类语言。马克思说，人的类特性就在于自由的有意识的活动，人则使自己的生命活动本身变成自己意志的和自己意识的对象，有意识的生命活动把人同动物的生命活动直接区别开来，人的活动才是自由的活动。这就是说，动物的活动是纯自然的或自发的活动，即本能活动，而人的活动由于意识因素的参与而成为一种自由自觉的活动。思想和受思想支配的行动恰恰是人同环境彼此作用的独特方式。人这种独特的作用方式从根本上改变了事物之间作用和反作用的纯自然性和自发性，人与周围环境的作用和反作用是自由自觉的。不难理解，在这种自由自觉的作用和反作用中，人的思想和受思想支配的行动所表现出来的能动性必然是一种自由自觉的能动性，而与其他事物的自发能动性区别开来。马克思认为，劳动是一种有意识的生命活动，这里的意识并非指的是生物学意义上的知觉，而是人作为“类”超越其他生物而具有的一种意识。

人们的思想来源于客观外界，又指导行为去改造客观外界，并在改造客观外界的过程中形成新的思想，产生新的行为，进一步改造客观外界，如此循环往复，这就是人们的思想和行为的活动规律。[①] 思想与行为的关系内在地包括两个维度，即思想对行为的关系之维和行为对思想的关系之维。思想先导则从思想对行为的关系之维探讨思想与行为的内在关系。思想先于行为、思想支配行为是思想与行为活动的基本规律。恩格斯曾深刻指出，人的行动的一切动力，都要通过人的头脑才能使人行动起来，即人们在行为之前将形成关于行为的动力，动力是由其需要而产生的动机转变而来，也就是说，需要产生动机，动机激发人行为的动力，进而推动行为的开展。毛泽东在《论持久战》一文中结合人的自觉能动性阐述了思想先导的观点，主张人们做任何事情都必须根据客观事实，引出思想、道理、意见，提出计划、方针、政策、战略、战术，方能做得好。毛泽东用通俗易懂的“做”代指行为，指出行为之前必须先有思想，在思想的正确指导下，行为才能达到预期目的。

思想是主观的东西，是人类特殊的能动性。思想的能动性即思想对行为的引导和支配作用必须在人的具体实践活动中才能实现。实践是主观见之于客观的活动，是思想引导行为的具体过程。马克思说，实现思想，就要有使用实践力量的人，思想的力量只能在左右人的行为时才能具体实现。离开具体的实践活动，思想改造社会的作用和价值就难以实现。离开了实践，意识的能动作用就无从谈起。在实

① 张蔚萍主编《新编思想政治工作概论》，中央党校出版社，1989。

践过程中，只有像马克思所说的“理论一经群众掌握，也会变成物质力量”①，只有在广大人民群众掌握理论的条件下，意识、思想、理论等才能充分地起主要的决定作用。列宁因此把“人的和人类历史的实践”称为主体和客体、意识和存在的“交错点”“矛盾的统一”。

（二）思想先导揭示了思想与行为的内在关系

思想是行为的先导，简称为思想先导。因此，思想先导有其特定的关系指向，不是思想对存在的先导，而是思想对人的具体实践行为的先导，必须从思想与行为的内在关系上才能把握思想先导的实质内容。不仅如此，思想先导的过程中内在地包含思想对行为和行为对思想的双向关系，具体表现为：在思想来源的一般意义上理解，行为对思想的产生具有决定作用，这是把握思想先导内涵的基础和前提；在思想对行为的引导作用意义上理解，思想对行为的产生具有支配和决定作用。但是，思想先导主要强调思想对行为的关系维度。思想先导明确了思想与行为的内在关系，即在具体的行为活动中先有思想而后产生与之一致的行为，揭示了人们思想行为活动的基本规律。恩格斯说，决不能避免这种情况：推动人去从事活动的一切，都要通过人的头脑。甚至吃喝也是由于通过头脑感觉到饥渴引起的，并且同样是通过头脑感觉到饱足而停止。由此可见，在人的具体实践中，思想和行动的关系是思想支配行动，而不是相反。人的思想是存在的反映，但一种思想一旦形成，就反过来支配人的行动。人的任何一种行为，都是在一定思想支配下进行的。人的认识过程中的两次飞跃就是思想与行为的辩证关系的体现。认识的第一次飞跃是指人在实践中积累众多的感性认识，并从感性认识上升到理性认识。认识的第一次飞跃阶段的完成即思想的形成。认识的第二次飞跃是指在实践中产生的理性认识即思想作用于实践，在实践中接受检验和完善，这就是

① 中共中央马克思恩格斯列宁斯大林著作编译局编《马克思恩格斯选集》第一卷，人民出版社，1995。

思想指引行为的过程。人的认识的两次飞跃的具体任务不同，但两者之间是内在联系的：没有认识的第一次飞跃，认识的第二次飞跃就无从谈起，但是人是不能停留在第一次飞跃阶段的，必然要经历第二次飞跃才能实现认识的作用和价值。

思想先导是辩证唯物主义认识论的内容。毛泽东说，辩证唯物论认为总的历史发展中，物质决定精神，社会存在决定社会意识，但强调必须承认精神的反作用，强调社会意识对社会存在的反作用的观点正是在坚持唯物论的基础上避免了机械唯物论。在观察社会历史发展时，既要坚持经济基础的决定作用，又要看到上层建筑的反作用，因而，历史唯物主义并不是“经济唯物主义”。思想作为上层建筑的因素之一，对社会存在具有巨大的反作用。唯物主义与唯心主义的根本区别在于对物质与意识何为第一性，何为本原这两个问题的回答。凡是断定精神对自然界来说是本原的，组成唯心主义阵营；凡是认为自然界是本原的，则属于唯物主义的各种学派。唯心主义者认为意识是世界的本原，意识是第一性，意识不依赖物质而存在；唯物主义坚持相反的观点，认为物质是客观存在的，物质是世界的本原，意识是客观存在在人脑中的反映。离开物质与意识何为第一性，何为本原这两个问题谈唯物主义和唯心主义是没有任何价值的。一些人认为研究思想的积极功能将会导致唯心主义，我们不能同意这个观点。马克思、恩格斯很早就对这种观点进行了深刻的批判：“如果一个人只是由于他追求‘理想的意图’并承认‘理想的力量’对他的影响，就成了唯心主义者，那么任何一个发育稍稍正常的人都是天生的唯心主义者了，怎么还会有唯物主义者呢?”[①] 在此，马克思、恩格斯使用的“理想的意图”和“理想的力量”即思想的力量。列宁也曾指出：物质和意识的对立是相对的，只是仅仅在承认什么是第一

① 中共中央马克思恩格斯列宁斯大林著作编译局编《马克思恩格斯选集》第四卷，人民出版社，1995。

性的和什么是第二性的这个认识论的根本问题的范围内才有绝对意义。[①] 有人认为思想先导颠倒了物质与精神、社会存在与社会意识的关系，违背了物质第一性，精神第二性的唯物主义原理，是一种唯心主义观点。其实，这完全是一种曲解。思想先导并不是指物质和精神的关系，而是指具体实践中的思想和行为之间的关系。人类思想行为活动的一般规律告诉我们，先有思想后有行为是人与其他动物行动时的根本区别。马克思形象地告诉我们最蹩脚的建筑师在实现具体的建筑行为之前就已经在头脑中形成了建筑蓝图，而最聪明的蜜蜂在筑巢之前却没有形成巢的观念，这就是建筑师与蜜蜂的区别，也是人类与其他动物在行动时的最大区别。还有一些人由于不清楚思想先导的内涵而往往认为思想先导是唯心主义的命题，这同样是一种错误的认识。他们的理由是思想是物质派生的，不具有先在性。其实，思想先导并不是从普遍意义上研究思想和物质的内在关系，而是研究在人类社会实践活动中思想与行为之间的关系，是在具体实践行为中思想与行为在时序上的先后关系、在作用上引导与被引导的关系，而不是指思想与物质何为本原，何为第一性的问题。因此，思想先导理论的研究是在坚持唯物主义基本思想的前提下，不是探讨思想与社会存在之间的关系，而是研究人们在具体实践活动中思想与行为之间的关系。如果因为担心陷入唯心主义泥淖就放弃对思想先导的理论研究，就像普列汉诺夫所说，在理论上的这种极端就像最狂热的主观主义者所达到的那种极端，同样是不能容许的。为了反题而牺牲正题，正如为了正题而忘记反题，同样是没有根据的。[②]

（三）思想先导强调思想对行为的指导作用

思想先导内在地包含思想先于行为和思想指导行为两层含义。思想先于行为是思想先导的第一层含义。思想先导的字面意义就是

① 中共中央马克思恩格斯列宁斯大林著作编译局编《列宁选集》第二卷，人民出版社，1995。

② 普列汉诺夫：《论个人在历史上的作用问题》，王荫庭译，商务印书馆，2010。

思想对行为的先导，即思想与行为在时序上是前后相继的关系——思想在先，行为在后。在人的具体实践中，思想往往走在行为的前面，行为必然受思想的引导和支配。“三思而后行”“伺机而动”，这些人们形成的固有观念生动说明了人们在实施具体的行为前，只有形成关于行为的各种思考，如“做还是不做”“这样做还是那样做”“做的结果是什么”等，具体的行为才能付诸实施。毛泽东在《论持久战》中具体论述了战争行为与战争思想的先后关系，认为“做”即“行为”之前应有与之相适应的思想，战争才能胜利。在人的具体实践活动中，人的思想对于行为的先在性是马克思主义者关注思想先导的第一个方面，这正体现了人的实践行为的自觉性。对于思想与行为先后关系的探讨只有在具体的前提下才有意义。正如有学者指出，实践有认识世界、解释世界、规范世界和改变世界四种具体形式。就实践主体的认识世界的实践活动而言，这是一个从行到知的过程，即行先知后，遵循着一条从物到感觉和思想的认识路线；就实践主体解释世界、进而规范世界的思和想的意识活动及形成观念成果的活动来说，是知行合一式的实践活动；其改变世界的实践活动，则是知先行后，即在一定实践目的指导下的自觉活动。①

同时，思想指导行为是思想先导的第二层含义。思想先导不只是强调思想与行为时序上的先后关系，更重要的是探讨思想对行为的指导作用。如，马克思、恩格斯强调：“这些特定的人关于自己的真正实践的‘想象’、‘观念’变成一种支配和决定这些人的实践的唯一起决定作用的和积极的力量。”② 思想是客观存在在人脑中经过思考后形成的理性认识，思想一旦形成，必然通过大脑影响和支配人的具体行为，这就是思想对行为的能动反作用的具体体现。人的自觉能动性就在于人的行为都是在思想的控制下实现的。正确的思想导以

① 夏建国：《实践规范论》，中国社会科学出版社，2006。

② 中共中央马克思恩格斯列宁斯大林著作编译局编《马克思恩格斯选集》第一卷，人民出版社，1995。

正确的行为，实现行为的目的；错误的思想导以错误的行为，偏离行为的方向。马克思主义者在谈到思想对行为的支配作用时，还以“指引”和“制约”表明思想对行为的支配作用，如“……小资产者的物质利益和社会地位在实际生活上引导他们得出的任务和解决办法”①，又如“从作为基础的经济事实中探索出政治观念、法权观念和其他思想观念以及由这些观念所制约的行动”②。

（四）思想先导旨在以正确思想指导人类实践

人们的理性认识一旦形成，总是直接或间接地指导人们的行为，包括决定行为是否产生，行为过程是否顺利，行为结果是否有效等。也就是说，思想对行为的指导作用是客观存在的，也是思想功能的具体体现。不论是人们的正确思想还是错误思想，都将作用于人们的行为，而且两者在指导人们行为的程度上也是基本一致的。但是，不同性质的思想对人们行为指导的结果是截然相反的，其产生的社会效益也是完全相异的。具体来说，正确思想是遵循一切从实际出发而形成的符合客观实际的理性认识，是对客观事物本质的正确揭示。因此，正确思想是与客观事物本来面貌一致的思想，指导人们的行为遵循客观规律，选择合适的行为路径，开展与客观实际相符合的具体行为，产生与行为目标一致，且对自我和他人有效的行为结果。相反，错误思想是与客观实际相背离的理性认识，是对客观事物本质的错误认识，它将导致人们的行为背离客观规律，选择错误的行为方向，开展不符合客观现实的具体行为，产生对自我和他人不利的行为结果。鉴于正确思想与错误思想对人们行为指导的不同效果，人们在实践过程中总是尽力避免各种不利因素，采用科学的认识方法论原则，追求与客观事物现象与本质一致的正确认识，进而以正确思想指导

① 中共中央马克思恩格斯列宁斯大林著作编译局编《马克思恩格斯选集》第一卷，人民出版社，1995。

② 中共中央马克思恩格斯列宁斯大林著作编译局编译《马克思恩格斯全集》第三十九卷，人民出版社，1974。

自己的行为。也就是说，人们在认识世界和改造世界的社会实践中，总是追求正确思想对人们行为的有效指导，克服错误思想对人们行为的误导作用。研究思想先导问题，不是从一般意义上研究思想对行为的先行关系和指导作用，而是重点研究正确思想对行为的有效先行关系和有效指导作用，帮助人们在个体和集体的各种实践活动中运用正确思想指导行为。

无产阶级伴随着社会化大生产的出现而登上历史舞台，在为全人类解放的伟大事业中，无产阶级政党形成了科学的世界观和方法论。马克思主义哲学是对世界及人与世界关系的正确认识，形成了辩证唯物主义和历史唯物主义的正确思想，是指导人们认识世界和改造世界的思想武器。马克思主义政治经济学从资本主义经济活动中最基本的范畴——商品出发，揭示了资本主义社会的内在的不可调和的矛盾，进而正确揭示了资本主义制度必然为社会主义制度所取代的客观规律，是指导人们认识和改造资本主义社会的最基本的正确思想。马克思主义关于社会主义的理论是在全面分析资本主义社会矛盾的前提下强调以无产阶级解放运动推翻资本主义统治而符合社会主义形成和发展规律的科学。以上三者有机地构成了马克思主义，成为迄今为止人们拥有的最先进的思想理论，也是指导人们生产生活实践的正确思想。因此，随着世界社会主义运动的形成和发展，马克思主义已经作为正确思想被越来越多的人所认识和接受，而且成为广大的无产阶级生活、学习和工作的思想武器，在指导人们的各种实践活动中得到不断丰富和完善。因此，不论在世界社会主义运动的高潮还是低谷，无产阶级人士都必须自觉加强马克思主义修养，以马克思主义的正确思想指导实践，遵循一切从实际出发的基本要求，为实现共产主义而有所作为。

党的十八大以来，立足我国改革开放和现代化建设实际而形成的习近平新时代中国特色社会主义思想，就是马克思主义中国化、时代化的最新成果，是对我国社会主义现代化建设进入新时代的全面认识，深刻揭示了社会主义初级阶段的主要矛盾，正确反映了人民群众的热切期盼，是指导社会主义初级阶段改革开放和现代化建设的正确思想。因此，学习和践行习近平新时代中国特色社会主义思想特别是“两个结合”的重要思想，是指导现阶段强国建设和民族复兴各项实践的重大课题。

三、思想先导的特点

思想先导的概念，不仅包含丰富的内涵，而且也反映了思想先导的本质。思想先导的本质是思想与行为内在关系的深刻揭示。在把握思想先导的本质基础上，还必须多角度地探究思想先导的内在特点，以便更好把握思想先导的内涵。

（一）思想先导的自觉性

马克思说：“人始终是主体。”[①] 在实践活动中，自觉性是作为主体的人的本质特征，既是人类追求的目标，又是人类进行创造性实践的必要条件。因此，自觉性是人的主体地位的确证，要求人们在认识世界、改造世界的实践活动中发挥其能动性与创造性。自觉性是相对于他人的独立性，是相对于社会的自由性和相对于客体的进攻性而言的。在思想先导的活动过程中，实践主体的自觉性首先体现在主动地思考实践的目的和意义。在具体的实践活动前，人需要首先从观念上把握客体，以观念形态把握客观事物，体现了人的实践活动的自主性。其次，在形成思想阶段充分体现自身的自由意志。追求自由、实现自由是自我意识的根本向度，也是实践活动的根本目的。[②] 意志自由体现了自由活动中的观念先导。因此，马克思称精神生产是一种“自主”和“自由”的生产。最后，在具体的实践活动中，实践主体

① 中共中央马克思恩格斯列宁斯大林著作编译局编译《马克思恩格斯文集》第一卷，人民出版社，2009。

② 夏建国：《实践规范论》，中国社会科学出版社，2006。

总是在一定观念指导下创造性地开展活动，体现其主观能动性。人的实践活动是在一定“实践观念”指导下的自觉活动。实践观念是关于实践的目的、目标，是引导实践活动的观念指导。

（二）思想先导的目的性

实践是人们有目的、有计划、自觉地改造世界的活动，或者说是人们自由自觉地、有意识地改变现实事物的合目的性的活动。[①] 实践是人自觉能动的目的性活动。实践的目的性亦即人类实践的思想先导性，正是这样的有目的的实践活动，成为人类实践行为区别于动物本能活动的显著特征。思想先导是人们在实践活动中形成思想，并以思想指导行为的具体实践过程，目的性是这一过程的显著特点。实践目的是实践活动的观念先导，它将实践主体、实践客体、实践手段等连为一体，是实践活动的灵魂，包括“实践活动是什么”“为什么要开展实践活动”“如何开展实践活动”等对实践的认识。在具体的实践行为前，人们必然要形成以上这些实践目的，否则就只能是盲目的行动，无法体现人的“意志自由”。同时，实践目的也是实践主体从事实践活动的一种动力。“推动人去从事活动的一切，都要通过人的头脑……成为感觉、思想、动机、意志，总之，成为‘理想的意图’，并且以这种形态变成‘理想的力量’。”[②] 在思想先导过程中，关于实践目的的认识也是具体过程实施的动力，推动着人的思想先导的具体行为向前发展。其次，形成正确的实践目的正是有效实践的前提和基础。如果没有实践目的，实践活动就是盲目的、无价值的、无意义的行为；如果没有正确的实践目的，人类的实践活动也难以达到理想状态。在思想先导过程中必然要求形成正确的思想，成为人们认识世界和改造世界的有力精神武器，导以正确的实践行为。

① 夏建国：《实践规范论》，中国社会科学出版社，2006。

② 中共中央马克思恩格斯列宁斯大林著作编译局编《马克思恩格斯选集》第四卷，人民出版社，1995。

（三）思想先导的预见性

列宁指出，外部世界、自然界的各种规律是人的实践活动的基础。没有客观规律性，就没有主观能动性可言。行动的目的性是同人们认识的预见性相联系的，科学的预见之所以成为可能，首先在于思想先导过程中存在不以人的意志为转移的、必然的、稳定的联系，即思想先导过程的规律，而且这些规律可以被人们认识和掌握，以此判断事物发展的必然趋势，从而正确地规定行动的目的，规划行动的实际步骤，一步一步实现自己的目的。“最蹩脚的建筑师从一开始就比最灵巧的蜜蜂高明的地方，是他在用蜂蜡建筑蜂房以前，已经在自己的头脑中把它建成了。劳动过程结束时得到的结果，在这个过程开始时就已经在劳动者的想象中存在着，即已经观念地存在着。”① 由此可知，实践思想是在实践活动开始之前就已经观念地存在人的头脑的实践结果，观念形态的思想是先于实际实践结果的“观念结果”。因此，作为一种思想观念，实践目的是对实践对象的一种超前的理性反映。在实质上，实践目的是未实现的理想、信念，是实践主体即将进行的实践活动的目的指向和行为归宿。它是对于未来目的的预见，指向未来，指导和支配实践主体即将进行的实践活动。

（四）思想先导的导向性

思想是对社会存在的反映，由社会存在决定。然而，思想一旦形成，并不是被动的精神存在现象，而是通过对人们行为的导向作用能动地认识世界和改造世界来影响社会存在。思想先导的导向是指思想通过人们的行为直接或间接地引导、规定行为方向的功能和作用。导向性是思想先导的突出特点，只有充分发挥思想先导的导向性特点，加强思想的导向功能，才能实现思想先导研究的理论和实践价值。

针对同一事物的理性认识有正确思想和错误思想差别，这些思

① 中共中央马克思恩格斯列宁斯大林著作编译局编《马克思恩格斯选集》第二卷，人民出版社，1995。

想都有一定的导向功能。然而，正确思想是与客观事物相符合的思想，能引导人们的行为沿着正确的方向发展，获得社会实践的积极意义；错误思想是不符合客观事物的思想，将误导人们的行为使其走上歧途，最终产生的是消极结果。因此，人们在社会生活中必须不断以正确思想克服错误思想，发挥正确思想的积极导向功能。只有以科学的正确的思想来指导实践活动，才能防止人们的行为偏离正确轨道，从而引导社会的健康发展。如我国在社会主义建设初期，在全社会大力推介了一批经典的革命电影、红色歌曲，就是希望人们真切地感受电影或歌曲中蕴含的无产阶级革命思想，突出正确的革命思想对人们行为的积极导向作用。这导向作用直到现在仍然存在，且成为我国经济社会发展的一个重要的思想支柱。

第三章　思想先导的理论依据

马克思主义是科学的世界观和方法论，是科学的理论体系。列宁深刻指出了马克思主义赢得世界历史性的意义的根本原因，在于没有抛弃资产阶级时代最宝贵的成就，相反却吸收和改造了两千多年来人类思想和文化发展中一切有价值的东西。[①] 在思想政治教育学的视域中探讨思想先导问题，研究思想先导理论必须在充分吸收人类历史中一切有价值的思想的基础上自觉以马克思主义辩证唯物主义和历史唯物主义为指导，系统梳理马克思主义中思想先导的相关理论，为开展思想先导研究提供深厚的理论依据。马克思主义者在马克思主义发展的不同阶段、不同时期，从不同角度对思想先导问题进行了探讨和研究，形成了关于思想行为关系的不同理论。其中，马克思主义的主观能动性理论、意识形态理论、精神转化理论和思想先行理论为开展思想先导研究奠定了坚实的理论基础。

因此，全面而又深入把握马克思主义关于思想先导的理论，系统梳理马克思主义关于思想先导的观点和学说，能够深化思想先导理论研究。马克思主义关于思想先导的理论非常丰富，且具有内在的逻辑关联。因此，本书将致力于探讨马克思主义关于思想先导的基本理论。

---

① 中共中央马克思恩格斯列宁斯大林著作编译局编《列宁选集》第四卷，人民出版社，1995。

一、主观能动性理论

人们对于主观能动性问题的研究由来已久，自从有意识产生，人们就开始思考人的主观世界问题，实际上涉及主观能动性问题。因此，在哲学史上，主观能动性是思想家们研究最多、争议最广、生命力最强的话题之一。马克思主义诞生之前，旧唯物主义和唯心主义都对主观能动性进行了研究，为后人研究主观能动性理论提供了思想启示。形而上学唯物主义者贬低和抹杀了人的主观能动性，如拉美利特认为“人是机器”，把人看作同其他动物和自然物一样，认为人只是动物史或自然史的消极客体，而不是创造历史的积极主体。与此相反，唯心主义者却抽象地发展了主观能动性。德国古典唯心主义哲学由于强调思维的辩证法，在认识论上着重探讨主观能动性。自康德开始，经费希特、谢林到黑格尔，他们都从唯心主义立场出发，反对旧唯物主义的机械决定论，高扬人的主观能动性，并对其进行了不同程度的理论阐述，但脱离了主观能动性产生的客观基础，而抽象地、片面地发展了主观能动性理论。马克思主义认为，不懂得人类的现实的感性的活动即社会实践，是导致旧唯物主义和唯心主义在主观能动性理论上的共同错误。旧唯物主义中的认识只是消极直观的反映论，不能达到能动的反映论，而唯心论认为主观能动性只是来自思维本身。马克思主义者批判地继承了旧唯物主义和唯心主义关于主观能动性的思想，立足实践，科学地阐述了主观能动性理论，形成了主观能动性的产生、主观能动性的内涵，发挥主观能动性与尊重客观规律、利用客观条件之间的辩证关系，科学地阐明了主体的人在认识世界和改造世界的实践中的能动性，形成了关于主观能动性的科学理论。

（一）主观能动性形成于社会实践

马克思、恩格斯在总结机械唯物主义与唯心主义在主观能动性问题上的共同错误的基础上，鲜明地阐述了人的主观能动性形成于社会实践的观点。马克思在《关于费尔巴哈的提纲》一文中尖锐地批判了旧唯物主义的根本缺陷，即“不了解‘革命的’‘实践批判’活动的意义”，把认识看作是一种被动、消极的东西，从根本上抹杀了人的能动性，抹杀了精神对物质的能动作用。同时，马克思还认为，改造世界是人类主观能动性的真正目的，哲学家们只是用不同的方法解释世界，而问题在于改造世界①。列宁也是在批判费尔巴哈认识论的形而上学性质时，进一步揭示了认识的革命的能动性，认为人的意识不仅反映客观世界，并且创造客观世界②，多次强调革命理论对革命运动的重要性和先导作用。毛泽东同志在总结辩证唯物主义认识路线和唯心主义认识路线长期斗争的历史经验的基础上，丰富了马克思主义的认识论，指出认识的能动作用，不但表现于从感性的认识到理性的认识之能动的飞跃，更重要的还须表现于从理性认识到革命的实践这一个飞跃③。

所谓主观能动性，就是主观对客观的关系，其实质是主观对客观的积极主动的关系。主观对客观的关系只有在现实的、感性的、对象性活动的基础上才能形成。因此，马克思主义把实践观点作为认识论的基础，也把它作为主观能动性形成的基础，对认识的主体和客体作出科学的规定，从而科学地理解主观能动性。马克思主义认为，认识的主体首先是在社会历史中实践着的主体，是社会地改变着自己周围世界的人；认识的客体是现实的人们在实践中改造着的对象。认识主体是积极能动的，但主体能动性又受到社会实践这种客观物质的历史活动的制约，因而是具体的、历史的，这既充分肯定了人的主观能动性，又防止了抽象夸大人的主观能动性。基于实践活动，马克思

① 中共中央马克思恩格斯列宁斯大林著作编译局编译《马克思恩格斯全集》第四十卷，人民出版社，1982。

② 中共中央马克思恩格斯列宁斯大林著作编译局编译《列宁全集》第五十五卷，人民出版社，1990。

③ 毛泽东：《毛泽东选集》第一卷，人民出版社，1991。

主义形成了科学的主观能动性理论。一方面，马克思主义主观能动性理论强调了人的主观意识、思想、精神是人脑对客观存在的能动反映，揭示了思想产生的物质根源。另一方面，马克思主义主观能动性理论也强调了人的意识、思想、精神在指导和推动改造客观世界的社会实践活动及改造主观世界过程中的指导作用。主观能动性的内容包括认识的能动性和实践的能动性两个方面，都是在社会实践中得以形成的。人的认识活动是在变革事物的过程中积极反映事物，是一种主动的创造性的活动。不论感性认识还是理性认识都是能动的，而其中人的认识能动性则主要地体现为理性认识，也可以说，人的认识能动性主要表现为理性认识的能动性。恩格斯说："除了眼睛，我们不仅还有其他的感官，而且有我们的思维活动。"① 马克思主义哲学高于以往任何哲学的地方，不在于肯定人的认识的能动性，而在于把握认识能动性的现实根源，阐述了实践在认识活动中的伟大能动作用。同时，马克思主义者根据实践的能动性科学地解释人的认识能动性，认为认识的能动性正是根源于实践的能动性。感性认识根源于实践，人们容易明白。理性认识虽具有抽象性、间接性的特点，但同样根源于实践。社会实践的需要推动理性认识的产生和发展，社会实践为理性思维的产生和发展创造各种可能，社会实践锻炼了人的抽象能力和推理能力等思维能力，人类理性思维的逻辑过程是在实践的基础上进行的，这都表明了人的理性认识只能从社会实践中寻找根源。实践的能动性不仅表现在能动地推动认识的产生、发展，更重要的还表现在能动地改造客观世界。

人们只有在具体的实践中才能发挥主观能动性，人们的实践又是在一定的思想理论指导下的实践，也就是思想指导行为、理论指导实践的行为。因此，只有在实践中发挥主观能动性，并且在符合客观实际、遵循客观规律的前提下才能正确地实现思想先导的积极价值。

① 中共中央马克思恩格斯列宁斯大林著作编译局编《马克思恩格斯选集》第三卷，人民出版社，1995。

（二）主观能动性体现自由自觉特性

马克思称人是一种“能动的自然存在物”①。能动性与被动性相对，两者分别代表了主体人在能动和被动两种状态下呈现出的截然相反的特点，前者体现人的积极进攻、主动进取的特点，后者则代表人的消极保守、无所作为的特点。主观能动性是人的一种内在的精神能动性或主观能动性，指人对外在的客观事物在主观世界中的变革和改造，是指人以情感、情绪、意志等非理性的方式和以理论、知识等理性的方式对客观事物的变革和改造。人的主观能动性就是人的意识的能动作用，是指人们的意识能主动地反映客观事物，形成观念、思想，并能主动地指导人们进行各种实践活动，反作用于客观事物，创造自然历史和社会历史，同时反思意识，发展意识。主观的能动性不仅体现在能动地反映客观世界，而且在于能自觉武装主体，把思想的能动性转化为行动能动性。自觉是相对于自发而言的，是主体的两种不同的实践意志特性，体现了人的积极能动作用。在恩格斯的论述中，所谓“自觉”，主要指的是“自觉创造历史”，也即人作为主体的实践意志与社会发展的整体的宏观的目标相一致。《德意志意识形态》中就提出了“人的自主活动”的问题，“个人必须占有现有的生产力总和，这不仅是为了达到自主活动，而且一般说来是为了保证自己的生存”②。因此，一般情况下研究者把主观能动性视为自觉能动性，毛泽东将其称为自觉能动性。在参与和指导中国革命的过程中，在总结中国革命经验和教训的基础上，毛泽东在《论持久战》中首次提出了“自觉能动性”概念，并对其作了详尽的阐释。他说：“做就必须先有人根据客观事实，引出思想、道理、意见，提出计划、方针、政策、战略、战术，方能做得好。思想等等是主观的东

① 中共中央马克思恩格斯列宁斯大林著作编译局编译《马克思恩格斯全集》第三卷，人民出版社，1995。

② 中共中央马克思恩格斯列宁斯大林著作编译局编《马克思恩格斯选集》第一卷，人民出版社，1995。

西，做或行动是主观见之于客观的东西，都是人类特殊的能动性。这种能动性，我们名之曰‘自觉的能动性’，是人之所以区别于物的特点。”[①] 毛泽东比较集中地论述“自觉能动性”理论的著作，主要有《关于纠正党内错误思想》《矛盾论》《关于正确处理人民内部矛盾的问题》和《学习马克思主义的认识论和辩证法》等。人区别于动物的最突出的表现在于人具有自由自觉的能动性。正如恩格斯所说，“动物仅仅利用外部自然界，单纯地以自己的存在来使自然界改变；而人则通过它所作出的改变来使自然界为自己的目的服务，来支配自然界。这便是人同其它动物的最后的本质的区别”[②]。恩格斯还说：“于是，人才在一定意义上最终地脱离了动物界，从动物的生存条件进入真正人的生存条件。人们周围的、至今统治着人们的生活条件，现在却受到人们的支配和控制，人们第一次成为自然界的自觉的和真正的主人了，因为他们已经成为自己的社会结合的主人了。……只是从这时起，人们才完全自觉地自己创造自己的历史；只是从这时起，由人们使之起作用的社会原因才在主要的方面和日益增长的程度上达到他们所预期的结果。这是人类从必然王国进入自由王国的飞跃。[③]”

主观能动性是人的自由自觉活动，思想先导的过程必须充分发挥人的主观能动性，形成与客观存在相符合的正确思想，并以正确思想指导自身实践，在思想指导实践的过程中充分实现人的意志自由。

（三）发挥主观能动性应遵循客观规律

毛泽东指出，马克思主义哲学认为十分重要的问题，不在于懂得了客观世界的规律性，因而能解释世界，而在于拿了这种客观规律性的认识去能动地改造世界。如何发挥人的正确自觉能动性才是马克

① 毛泽东：《毛泽东选集》第二卷，人民出版社，1991。

② 中共中央马克思恩格斯列宁斯大林著作编译局编《马克思恩格斯选集》第三卷，人民出版社，1995。

③ 中共中央马克思恩格斯列宁斯大林著作编译局编《马克思恩格斯选集》第三卷，人民出版社，1995。

思主义主观能动性理论研究的目的。主观能动性的发挥不能仅仅停留于感性的或非理性的阶段，应上升到理性的具体。“要完全地反映整个的事物，反映事物的本质，反映事物的内部规律性，就必须经过思考作用，将丰富的感觉材料加以去粗取精、去伪存真、由此及彼、由表及里的改造制作工夫，造成概念和理论的系统，就必须从感性认识跃进到理性认识。”① 这就告诉我们必须充分重视作为理性认识的思想的能动作用。发挥正确的自觉能动性必须正确地处理主观能动性和客观规律性的关系，毛泽东指出关键在于主观要同客观相一致，即人的思想要符合于实际，要尊重客观规律。只有在思想与实际相一致的前提下，才能保证人的行动的正确性和有效性。他说：“人们要想得到工作的胜利即得到预想的结果，一定要使自己的思想合于客观外界的规律性，如果不合，就会在实践中失败。”②

同时，发挥主观能动性还应正确认识和利用各种有利条件，避免和克服不利条件。就其性质而言，人的主观能动性包括正确的主观能动性和错误的主观能动性。人的思想和受思想支配的行动表现了人所特有的自觉能动性。但是，由于人的思想有正误之分，受思想支配的行动也有成败之别，由此赋予人的主观能动性以两种截然相反的性质。毛泽东指出：“一切根据和符合于客观事实的思想是正确的思想，一切根据于正确思想的做或行动是正确的行动。”这种正确的思想和正确的行动即正确的自觉能动性，而“一个人的思想，不根据和不符合于客观事实，是空想，是假道理，如果照了做去，就要失败”。在人类实践活动中，不能把两类不同性质的自觉能动性混同起来，否则就会导致实践中的主观主义和唯意志论。为了实现思想先导的积极功能，在思想先导过程中不能笼统地提倡发挥主观能动性，而应提倡发挥符合客观实际的主观能动性。再者，毛泽东在阐述自觉能动性理论时，还强调领导的自觉能动性必须和广大人民群众的自觉

① 毛泽东：《毛泽东选集》第一卷，人民出版社，1991。

② 毛泽东：《毛泽东选集》第一卷，人民出版社，1991。

能动性相结合，从群众中来，到群众中去，相信群众，依靠群众，放手发动群众，使领导的正确的自觉能动性与群众的正确的自觉能动性达到高度的统一。

尊重客观规律，人类的主观能动性才能最大可能地发挥。客观规律可谓主观能动性的客观基础和重要前提。这个观念首先体现在主动能动性的发挥受到客观规律不同程度的制约。比如，马克思主义政治经济学理论中有这样的论证，认为在原始社会之中，社会生产力水平极其低下的情况下，人类除了维护自身生存的最低需求以外，并不能产生产品的交换，因此也没有剩余产品和剩余价值的概念。这个经济现象可以说明客观规律对人类主观能动性发挥的制约。毛泽东的《实践论》认为，实践是检验真理的唯一标准。要在一切工作中坚持思想领先的原则，这一理念是基于尊重事物的发展客观规律而提出的。

正因为这种制约性，基于发展进步的需求，人类开始积极地探索规律，并试图用规律来指导实践。在指导实践的过程中，因为主观能动性具有创造性的特征，人类对客观条件的改造有了不断发展的可能。以客观规律为指导发挥主观能动性的过程，也就充分证明了思想先导在改变人类实践行为的过程中发挥了作用。思想先导使人们的主观能动性得以发挥，也使人类对客观世界的改造由量变到质变成为可能。因此，人们有没有思想先导意识，决定了主观能动性是否能够发挥应有的作用，达到积极成效。

客观规律不以人的意志为转移，必然地对人们的实践行为产生一定的影响。没有认识和掌握客观规律前，人们的行动是盲目的行动。只有深入事物内部，揭示事物的客观规律并遵循客观规律时，人们的主观能动性的发挥才能达到事半功倍的效果。思想先导过程的每一个环节都必须既发挥人的主观能动性，又做到按规律办事，达到思想先导活动合目的性与合规律性的内在统一。

二、意识形态理论

马克思主义以资本主义生产的社会历史条件为背景，积极投身政治实践和理论批判，于 19 世纪 40 年代中期开始研究意识形态理论。马克思主义意识形态理论的诞生是马克思、恩格斯运用唯物史观对以往意识形态理论进行扬弃的结果，后经马克思主义继承者的进一步深化与发展，形成了完整的意识形态理论。马克思主义对意识形态的第一次系统阐述是在马克思、恩格斯创作于 1845—1846 年的《德意志意识形态》中。意识形态是一个含义丰富的概念，通过对意识形态概念的梳理，我们可以知道，马克思主义的意识形态概念是指一定社会制度中的统治阶级和统治集团的意识形态，思想观念、统治阶级和维护作用构成意识形态的三个组成要素。意识形态是社会的主流意识形态，是统治阶级维护其阶级统治的精神工具，即我们通常所说的“国家意识形态”。马克思主义认为意识形态具有鲜明的阶级性、强烈的实践性、历史的继承性、明确的导向性和理论的系统性。

（一）意识形态具有鲜明的阶级性

意识形态是阶级斗争的产物，阶级性是意识形态最鲜明的特征。首先，意识形态是统治阶级的思想体系，反映一定社会中的经济基础并为统治阶级和统治集团的根本利益服务。正如马克思、恩格斯在《德意志意识形态》中指出的，“统治阶级的思想在每一时代都是占统治地位的思想。……占统治地位的思想不过是占统治地位的物质关系在观念上的表现”，意识形态不是阶级社会中所有阶级的共同意识，而只是统治阶级的阶级意识。其次，意识形态是统治阶级维护自身统治地位的阶级工具，主要作用在于维持统治阶级的政治统治，维护统治阶级赖以存在的社会经济基础。马克思认为意识形态与国家机器一样，因此将意识形态称作“观念上层建筑”。最后，意识形态斗争是阶级斗争的集中体现。列宁深刻揭示了无产阶级意识形态和资产阶级意识形态斗争的尖锐性，指出没有意识形态上的价值中立说，“或者资产阶级的思想体系，或者社会主义的思想体系。这里中间的东西是没有的”。他还特别强调社会主义意识形态工作说，“对社会主义思想体系的任何轻视和任何脱离，都意味着资产阶级思想体系的加强”。

马克思主义关于意识形态的阶级性理论告诉我们，在阶级社会中统治阶级为了维护其政治统治和经济统治，必须建立思想统治，调控社会的意识形态，采取各种手段和方法来传播和灌输本阶级的政治思想和其他意识形态，抑制和消除不利于本阶级利益的意识形态，以实现思想先导的真实目的。意识形态的阶级性为坚持思想工作的党性原则提供了理论依据。当前，我国的阶级斗争在一定程度上和一定范围内还将长期存在，为了巩固社会主义的政权，必须坚持社会主义的意识形态教育，在思想领域开展同无产阶级意识形态相对立的各种社会思潮的斗争，以马克思主义意识形态为指导，在意识形态领域坚持鲜明的无产阶级立场。在思想政治教育中，应一以贯之地坚持马克思主义的指导地位，并以习近平新时代中国特色社会主义思想引领社会思潮的发展，实现社会主义思想理论对社会的先导作用。

（二）意识形态具有实践的指向性

人类社会是由实践活动和认知活动组成的，这两种活动是社会活动的一体两面，二者甚至可以说是对立的双方，形成矛盾而统一的关系。当我们纵向观察和研究历史中的人类社会活动时，就很容易得出这样的结论：人类的认知和实践看起来不仅互为对立、互为相斥，但又不可避免地相依相存、互为联结，同时当达到相应的条件时，二者还可以实现相互之间的转化。当然，我们也不难发现，认知活动与实践活动的发展过程有时相对独立，有时候又相互渗透，并且二者表现出各自所独有的特性。人类在社会中的认知活动指向将实践的经验通过思考与总结，经过一定过程的积累，逐渐转化为具有指导价值的思想认识。而人类的实践活动则是由求生的本能开始，从征服自然的生存需求中就开始了，指向把基于本能求生的意识转化为现实的过程，即将思想精神转变为人类赖以生存的物质。

认知活动与实践活动相辅相成的关系体现在：认知活动的目的指向是认识和解释人类生存的世界，是一种由现实的物质转化为抽象的精神的过程。人类这一自觉行为正是思想进步的表现，也是早期人类思想文化产生的源头，各个民族、种族，各个地域的人们都试图总结出用于指导后世实践的思想文化。正是这种基于经验总结的精神与思想，在推动人类实践探索、认识自然、认识社会的历史进程中起到了先导的作用。

认知与实践的关系论，是人类哲学发展的基本的论题，马克思主义早就有了基本的论点和科学的论证过程。人类的认识与实践史表明，基于社会科学和自然科学两大方向所衍生出来的各类分支学科，恰恰可以说明思想先导在人类社会实践中所起到的重要作用。思想先导的意义在人类早期改变自然的实践中就已经体现出来，要改变物质的世界，不管是出于主观能动的意识，还是出于基于经验总结之后的认识，目的都指向于用人类认为正确的认识来将人类的理想转变为现实的世界，从而造福人类的繁衍发展、社会的延续。

思想先导是人们实践活动的必要前提，正确的思想理论为实践活动提供必要的指导，并驱动实践的发展，为现实实践提供一个具有一定可行性，并且可以基本预见结果的方向。因此，对思想先导的研究，正是为了提高对人们实践过程与结果的把控，提高行动的自觉性，尽可能地避免盲目性和未知性，从而达到理想状态。思想先导基于马克思主义思想善于把握和运用客观规律的基本观点而产生，对于人类认知世界、改造世界等方面有着重要的意义。

思想先导是人们实践活动的起点，并且在实践活动中一以贯之，支配着人们的实践行动。没有确切的思想作为先导，就没有具体的行动实践。思想先导与行动实践两者之间密切的关联性，进一步论证了思想先导是人们行动的基本原理，在行动中起到主导与支配的作用。

中国的反对帝国主义、封建主义、官僚资本主义的胜利，使劳动人民结束了受压迫受剥削的漫长历史，开始当起了自己的主人。中国人民站起来了，建立了广大人民拥有权力的新中国，也开启了社会主义革命的新时期、社会主义建设的新时代。马克思主义的传播和俄国十月革命思想的学习，开启了中国新文化运动的先锋，社会主义思潮从此掀起。中国共产党的成立是思想先导的结果，而革命胜利之后新中国的建设依然离不开正确思想的先导作用，改革开放后取得的世界瞩目的成就也都离不开思想先导。十八大以来，我国经济社会各项事业的发展，更是离不开习近平新时代中国特色社会主义思想的指导。

马克思主义认为，统治阶级的观念体系和理论学说，更是一种具有统治阶级付诸实践的理论主张和发展战略。意识形态不仅是统治阶级认识和反映世界的认知体系，更是一种统治阶级为人们行为定向的目标价值体系。意识形态如果不反映社会和人们需要的现实，就缺乏存在的基础。意识形态如果没有具体的社会目标体系，就不可能具有持久的吸引力。如资产阶级意识形态标榜“自由”“平等”“博爱”，无产阶级则宣布解放全人类来解放自己。阶级社会的意识形态工作经验表明，没有明确的政治目标和社会理想的意识形态，毫无实践内容和行动纲领的意识形态是根本不存在的。无产阶级意识形态形成以后，就是通过不断的国内国际革命运动、社会主义革命及社会主义建设来实现自己的意识形态的预定目标。中国化的马克思主义是我国社会主义政权建立以来占主导地位的意识形态，其主要内容就是在中国的革命、建设和发展的实践中形成的，并以对时代课题的深刻关切赢得不断发展的强大生命力。在革命战争年代，中国化的马克思主义以民族独立和人民解放为指向，形成了科学的新民民主主义革命纲领；在改革发展时期，中国化的马克思主义以民族富强和人民幸福为追求，形成了指导改革发展的一系列理论。正是因为其明确的实践指向，中国化的马克思主义在复杂的意识形态斗争中赢得了主导地位，成为我国意识形态领域的指导思想。当前，中国共产党在意识形态工作中提出“以中国式现代化全面推进中华民族伟大复兴”的社会建设思想，既符合当前广大人民群众对我国社会建设的基本要求和热切期待，也符合人类社会发展的价值追求，体现了强烈的社会实践指向性。

意识形态在统治阶级的社会实践中形成，又必然为一定的统治阶级的实践服务，这就是意识形态的社会实践指向性。在经济全球化的时代背景中，我国思想先导的过程应结合改革开放的伟大实践主题，在实践的基础上不断推动党的思想理论创新，并以中国化的马克思主义的最新成果指导改革开放的实践。

（三）意识形态具有明确的导向性

意识形态总是代表和反映某一社会阶级、阶层和社会集团的根本利益和要求。意识形态的导向作用有时是潜移默化的，有时却是迅速而明显的。马克思主义认为，任何一种意识形态，肯定都是在扬弃和批判地继承了历史材料的合理和有价值成分的基础上发展起来的。意识形态的导向作用就在于它既可以引导人们去追求这种利益和要求，并为之奋斗，也可以引导人们去反对这种利益和要求；它既可以把人们的思想引向积极、健康、向上的方向，也可以引向消极、颓废、低级的方向；它既可以引导人们维护现存的社会秩序和制度，也可以促使人们形成反社会的思想和心态。因此，意识形态的导向作用可分为进步和反动两种，但在具体的历史过程中，意识形态工作的导向目的十分明确。利用意识形态的导向作用控制人的思想，维护和巩固一定阶级的统治，是阶级斗争的重要手段。我国无产阶级在夺取政权、建立无产阶级专政以后，面临的一个重要任务，就是要开展同各种反马克思主义思潮和非马克思主义思潮的意识形态的斗争，防止意识形态失控。在全球一体化的大背景下，在多样化的文化交流、交融和交锋中，以马克思主义引领各种社会思潮的发展，确保社会主义意识形态占主导地位，是当前我国意识形态工作的重要任务。

意识形态是一定阶级、阶层和利益集团的思想体系，是它们对现存世界及其秩序的“整体性”反映与判断[1]，由政治、法律、哲学、道德、艺术、宗教等构成的系统的思想观念体系。不同层次的意识形态相互联系并构成有机的整体，具有系统性的特点，它在与经济基础的互动中推动社会发展。科学体系的形成，是理论走向成熟的突出标志，也最集中地体现出理论深化和发展的过程[2]。意识形态的理论系统性要求在进行思想引导时，首先要作为一个独立的整体开展工作，整体中的各个部分应围绕意识形态工作的整体目标服务。同时，又要独立地看待意识形态系统中的各个组成部分，把握其服务于意识形态建设的独特方式和独立作用，遵循其发展的内在规律，使其更好地服务于意识形态工作。这是执政党在进行意识形态建设和教育过程中发挥思想先导作用应该特别注意的。

马克思指出，意识在任何时候都只能是被意识到了的存在，而人们的存在就是他们的现实生活过程。人们的思想意识来源于现实的实践生活，本质上来说是对客观世界的主观映像。这种意识并非孤立存在，而是环境与实践造就的，再通过个体自觉构建而成。与其他社会思想相比，马克思主义思想之所以具备思想先导功能，最重要的区别在于它对未来社会有着高度的前瞻性和预见性，规划了一个清晰而明确的社会发展理想蓝图。同时，它又包括了对当下社会建设的构建，对社会公民思想意识与实践行为的规范，是一种操作性很强、内容完整的思想体系，既可以推动社会的前进，又不违背“以人为本”的原则，实现个人的自由和全面发展。作为一种能动性、实践性都很强的意识形态，马克思主义意识形态已经成为我们国家社会稳定和谐的思想基础，社会主义核心价值观与之紧密相关，也是国家治理的思想先导。在国家治理当中，马克思主义意识形态起到了提供思想资源保障、促进治理主体保持良性协作和推动民主政治健康发展的主导思想。党的二十大报告指出：“拥有马克思主义科学理论指导是我

① 童世骏主编《意识形态新论》，上海人民出版社，2006。

② 靳辉明：《中国特色社会主义理论体系研究》，海南出版社，1998。

们党坚定信仰信念、把握历史主动的根本所在。”

在当前中国的国家治理层面，我们将马克思主义思想作为重要的思想先导。世界上每个国家要实现国家安宁、国富民强，都需要一种科学的、先进的思想作为统一的引领性的理论。国家以何种思想理论为指导，决定了国家能否实现社会治理的目标，是否能够实现政治、经济、文化的发展。中国坚持马克思主义在意识形态领域指导地位，是历史的必然选择，也是由其本身的先进性、深刻性决定的。马克思主义意识形态全面而深刻地揭示了整个人类历史发展的基本规律，并提出了社会主义建设理论，是对历史发展规律的深刻总结，也是对人类理想未来的科学规划，是我国坚持走中国特色社会主义道路的思想理论先导。

马克思主义意识形态是一种思想共识，发挥提升思想凝聚力的功能，主要体现在凝聚信仰力量、统一价值观和引领民族精神等几个维度。在凝聚信仰力量方面，马克思主义信仰明确了人类命运共同体的发展方向，引导全世界人类实现天下共同富裕的理想社会美好蓝图，是一种科学的信仰。在统一价值观这个维度，马克思主义意识形态在最大程度上彰显了人类的共同价值观取向。各种阶级、个体思想价值取向不可避免地发生碰撞，会对共同体内部造成发展的阻碍。马克思主义意识形态则能够引导人们克服自私自利的弊端，最大程度地将各类思想观念和利益关系有效地融合，形成巨大合力，塑造统一的、正确的价值观，从而有效推动社会的发展。最后，在引导民族精神方面，马克思主义意识形态是解决个体与集体矛盾的思想先导。马克思主义意识形态引导人们克服利益分配的不均衡和极端化倾向，所引导的价值取向既符合共同体的利益方向，又能平衡个体与共同体的利益，进而实现个体在共同体中的凝心聚力。综上所述，马克思主义意识形态在我国，在塑造坚定信仰、统一价值取向、引导民族精神方面具有重要的思想先导意义，极大可能地凝聚了社会集体的共识，造就了最大的统一社会思想可能性。

在国家的民主法治建设层面，马克思主义意识形态也有较强的推动和引导的作用。民主政治的核心是平衡人们的权利意识和义务意识，促进人们树立正确的政治信念和政治态度，从而形成维护政治制度、政治规则的个体自觉。作为一种维护无产阶级立场的意识形态，马克思主义意识形态无情批判了资本主义社会所谓民主形态的表面性和虚伪性，对社会主义民主法治进行了正当的论证和辩护，这对全社会提升政治文明有着重要的意义，为培养共产主义道德理想打下了深厚的思想基础。

在扩大开放后社会思潮多样化的形势下，我国党和政府应始终坚持马克思主义意识形态的指导地位，发挥社会主义意识形态在社会主义市场经济中的导向作用，以无产阶级的世界观、人生观和价值观引导人们，抵制市场经济的负面影响，以马克思主义意识形态引导人们的生产、生活。

三、精神转化理论

马克思对于精神转化的思想曾有过经典的表述，“理论一经掌握群众，也会变成物质力量”①。马克思通过理论转变为物质力量阐述了精神转化的深刻内涵，理论是精神的精华部分，理论变物质力量的实质就是精神转化为物质力量。关于马克思精神转化为物质力量的思想，列宁将其表述为“观念的东西转化为实在的东西”②，也就是说，精神可以等同于“观念的东西”，物质就是“实在的东西”。列宁认为精神转化为物质力量的这一思想非常深刻，对历史非常重要，且能有效地反对庸俗唯物主义。

---

① 中共中央马克思恩格斯列宁斯大林著作编译局编译《马克思恩格斯文集》第一卷，人民出版社，2009。

② 中共中央马克思恩格斯列宁斯大林著作编译局编译《列宁全集》第五十五卷，人民出版社，1990。

马克思主义关于精神转化的思想内在地包含两层意思，即精神转化为物质力量和精神转化为物质产品，且两者既有区别也有联系。精神转化为物质力量和精神转化为物质产品的区别在于，前者是指精神因素可以指导人们的实践活动，转变为改造世界的物质力量，即精神因素在实践中的运用，精神因素的实践化；后者是指精神形态转变为物质形态，即观念形态的东西通过人的实际劳动，转变为实实在在的物质产品，也就是精神的物化。精神转化为物质力量和精神转化为物质产品的联系体现在，前者是后者实现的基础和条件，精神的东西只有先武装人的头脑，变为人的精神武器即精神力量才能推动人在实践中，把精神力量与生产资料和劳动工具相结合，转变为看得见的物质产品；同时，后者也是前者的必然结果，精神一旦转化为人的精神力量以后，总是直接或间接地指导人的实践活动，最终实现精神的物化。从精神转化的内涵可以知道，精神转化为物质力量和精神转化为物质产品的过程都是思想理论指导人的实践活动的过程。因此，马克思主义精神转化的理论就成为研究思想先导的重要理论依据。

（一）精神转化体现了人的创造性

马克思主义认为，人的精神具有能动的创造作用。马克思结合资本主义时代的生产说，自然界没有创造出任何机器，包括机车、铁路、电报和自动走锭精纺机，这些都是人的产业劳动的产物，是“转化为人的意志驾驭自然界的器官或者说在自然界实现人的意志的器官的自然物质”，是“人的手创造出来的人脑的器官”，是“对象化的知识力量”①。马克思指出，机器是人的意志驾驭自然界而形成的劳动对象化的产物，是人的创造性的体现。在实现人的意志的器官的物化过程中，实现了精神向物质的转化过程，体现了人的创造能动性。

思想意识犹如花朵一样美丽，它的美就在于通过人的思维引起

① 中共中央马克思恩格斯列宁斯大林著作编译局编译《马克思恩格斯文集》第八卷，人民出版社，2009。

自然界的变化，形成自然界中原初不存在的人化自然。人在与自然万物的相互作用过程中，逐渐学会改变自然界，掌握改造世界的本领，发展人的智力和思维，为人类创造新的生存条件。自然界的人化和人化的自然的过程就是通过人的思想意识对自然界的积极创造而实现的。

列宁认为，思想观念不仅能反映客观世界，而且能创造出客观世界，特别强调了人的意识、精神、观念的创造性。人对自然界的积极创造，首先要通过在人脑中对新生事物的观念构想，也就是观念造物的过程，在头脑中对事物的结构、形态和功能进行合乎理性的构造，它不是在观念、意识中把对客观事物形成的反映结果简单地复制出来，而是经过人脑对原有事物的加工和改造，创造出客观世界中原来不存在的新的观念形态的事物和物质产品。然后根据头脑中已有的对事物的观念形态，在实践活动中借助现有的物质生产条件和工具实现“观念的东西”到“实在的东西”。

马克思主义哲学认为，主观能动性并非自然界所有的物种都有，动物的行动基本出于本能驱动，而人类的实践具有很强的主观能动性。思想先导是人类发挥主观能动性的重要指导，也是人提升自我价值必不可少的途径。一个人的成功需要发挥主观能动性，一个国家的繁荣也离不开主动能动性。当然，发挥主观能动性的程度不同，所获得的结果也会有差异。具体来说，创新能力是主观能动性的重要表现，主观能动性发挥得越充分，创新能力越强，对事物和实践的推动性就起大。

思想先导是基于主观能动性理论而产生的，包括人的思想能够指引、控制或制约人的实践行为，也可以控制人的心理活动。主观能动性是思想意识作用于实践行动的结果，发挥主观能动性应该从现实的条件出发。

人的创造性是一种精神能力，将头脑里的观念、想法转化为实际的行动，以解决现有的问题或创造新的事物，它是人类区别于其他物种的推动力量，是人类对世界进行思考、认知和改造的力量。如在科学技术领域，科学家们的新理论转化为新的假设，再通过实验来验证，进而开展发明创造或技术革新，以此实现技术理想，满足人类需求。在艺术创造领域也是如此，人的不同精神观念、不同想象力转化为各具特色的、表现个人思想或情感的文艺作品。这些文艺作品所表达出来的情感和思想，反过来也会对其他人的思想产生影响，转化成受众的情感共鸣或思维意识。人的创造性是精神转化过程的突出特点。人们只有以思想理论指导实践，在实践中进行创造性的劳动，才能实现由精神力量转化为物质力量，进而转化为物质产品的过程。

（二）精神转化需要具体的条件

精神可以转化，但精神转化的过程并非是一个自然而然的过程。只有在一定的条件下，精神转化才能由可能变为现实。马克思主义者不是从一般意义上论述精神转化，而是从正确思想理论转化为人们认识世界和改造世界的积极力量这一方面论述精神转化的具体条件，也就是论述促成精神实现积极转化的现实条件。毛泽东就明确指出，先进阶级的正确思想被群众掌握后就会变成改造社会、世界的物质力量。[①]

首先，促成精神实现积极转化的首要条件在于思想符合客观实际。马克思主义认为，精神转化为物质，要以思想全面、客观反映事物的本来面貌为前提。只有这样，才能形成符合客观实际的正确思想。同时，思想符合客观实际，其重要性在于思想能正确揭示事物内部以及事物之间的客观联系，揭示事物形成和发展的根本属性，从规律的高度把握事物产生、发展和灭亡的变化过程。也就是说，思想只有符合实际，反映事物的客观规律，才能成为武装人民群众的正确思想，转化为指导人们行动的强大精神武器。

实践的主体是现实的人。因此，马克思主义认为，思想必须掌握

① 中共中央文献研究室编《毛泽东文集》第八卷，人民出版社，1999。

群众，只有这样才能满足精神转化为物质的主体条件。思想掌握群众是精神力量转化为物质力量的基础，也是精神转化为物质的条件。马克思在《〈黑格尔法哲学批判〉导言》中认为，要实现德国的无产阶级革命，需要以科学的哲学理论武装德国的无产阶级，指出德国人解放的头脑是哲学，心脏是无产阶级，只有将德国先进的哲学思想与具有革命精神的无产阶级结合起来，即“思想的闪电一旦彻底击中这块素朴的人民园地”[①]，德国人的解放事业才能成功。正确思想只有掌握人民群众的头脑才能指导实践，转化为客观的物质力量。理论掌握群众将提高群众的觉悟，从而提升国家的力量。列宁对此指出，“一个国家的力量在于群众的觉悟”，群众的觉悟体现为“知道一切，能判断一切，并自觉地从事一切”[②]。毛泽东则认为，农民群众的觉悟程度和组织程度决定发动斗争的策略，因此在中国革命战争中，以毛泽东为首的无产阶级革命家时刻不忘以符合中国革命实际的正确理论武装广大人民群众尤其是农民群众，以此提高农民群众的思想觉悟，转化为农民群众的战斗力。

其次，精神转化为物质必须具备一定的客观条件，必须把人民群众的精神力量附在现实的物质生产资料上，并借助一定的生产工具。生产资料并非都是天然的存在物，随着人类物质文明的发展，生产资料越来越多地体现社会性，成为人们改造世界的成果。从古至今，人们的任何生产活动都是在一定的历史条件下的生产，不能超越客观存在的现有物质条件。任何超越客观物质条件的精神转化都是不切实际的。

最后，精神转化只能在实践中实现，精神转化的衡量标准也只能是实践。实践是主观见之于客观的对象性活动，没有具体的实践活

① 中共中央马克思恩格斯列宁斯大林著作编译局编《马克思恩格斯选集》第一卷，人民出版社，1995。

② 中共中央马克思恩格斯列宁斯大林著作编译局编《列宁选集》第三卷，人民出版社，1995。

动，主观的精神与客观的物质都是相对孤立的存在，两者无法联系起来。因此，实践是主观精神与客观物质联系的桥梁，是精神转化为物质的中介。在具体的实践活动中，人的主体思想才能对象化，才能现实地转化为物质。在社会历史领域，精神转化的衡量标准就是人在实践活动中体现出的生产能力即生产力标准。能促进社会生产力提高的精神转化就是正确的转化和成功的转化，反之就是错误的转化和失败的转化。唯物辩证法认为，事物的发展都呈现出螺旋式上升的必然趋势，是前进性和曲折性的统一。但是，在人类社会实践中，人们应尽力避免精神的错误转化，应遵循客观规律，实现正确思想理论的积极转化。

（三）精神转化是思想政治工作的重要环节

马克思在《关于费尔巴哈的提纲》中，把论述的落脚点定位在马克思主义的根本任务，认为解释世界和改变世界都是哲学的功能，但马克思主义哲学的根本任务不在于通过新的方式“解释世界”，而在于“改变世界”。实现对现实世界的积极批判和合理改造是马克思主义的双重功能，但归根结底在于促成精神到物质的转化，革命性地创造新世界。

精神转化的过程固然需要一定的具体条件，但其中决不能放弃人的主观努力。自觉的、系统的、深入的思想政治教育就是促成精神转化的自觉过程。思想掌握群众的过程不是自发的过程，而是自由自觉的过程。群众不能自发地形成和掌握先进的思想理论，必须通过一定形式的思想政治教育才能把先进的正确思想从外面灌输进入。做到与人民群众的思想发展水平相适应，遵循思想政治教育的内在规律，才能有效地促成人民群众掌握正确思想。如列宁在指导俄国革命时深刻地揭示出对工人阶级进行理论灌输的重要性和紧迫性，他指出，单靠自身的力量工人阶级只能形成工联主义，社会主义学说只能是知识分子创造的哲学理论，要实现社会主义革命就不能仅仅依靠工人阶级的自发行为，而必须通过从外面灌输社会主义意识的做法，以此提升工人阶级的理论觉悟。

思想政治工作旨在提高精神转化的积极成果。思想政治工作是做人的工作，以提高人的思想觉悟和理论水平为目标。毛泽东说，提高劳动生产率的办法有三，即物质技术、文化教育和政治思想工作。政治思想工作能提高人的劳动生产率，从而提高精神物化的效率。邓小平在《动员新兵及新兵政治工作》中指出，“政治工作，在巩固新战士与提高其战斗力上，是应该而且能够发挥其极大作用的”[①]。部队是马克思主义政党做好思想政治工作的重要领域，在社会主义运动史上，对于战士的思想政治工作，马克思主义政党提出过“宣传工作”“政治宣传”“思想宣传”“政治工作”“思想政治工作”等概念，把思想政治工作作为部队经济工作和其他工作的生命线，积极地促成马克思主义科学理论转化为物质力量和物质产品。

帮助人们形成正确思想，并指导人们以正确思想指导行动是思想政治工作的重要任务，这其中就应积极促成人们的精神转化。思想先导的过程需要发挥思想政治工作的重要功能，通过宣传、教育等方式以正确的思想理论掌握指导人民群众，内化为人民群众的精神力量，并通过人民群众对于正确世界观和方法论的掌握指导生产生活，外化为人们的物质财富。

四、思想先行理论

人们的活动必然要反映到他们的头脑中。[②] 马克思主义认为，人的实践都是自由自觉的活动。自由自觉的活动是指人的实践都是在意识和目的的指导下进行。人们首先在头脑和观念中形成关于行动的需求、愿望和目的，即形成关于行动的思想，然后以形成的思想指导其实践活动，这就是思想走在行动之前即思想先行的内涵。人的任

① 邓小平：《邓小平文选》第一卷，人民出版社，1994。

② 普列汉诺夫：《论个人在历史上的作用问题》，王荫庭译，商务印书馆，2010。

何实践活动必然是在具体思想的指导下实施的，思想始终走在行动之前，先有行动的思想后有行动，没有思想就不会有行动，或者说，没有思想的行动就是盲目的行动。马克思主义在科学界定思想先行的内涵、探究思想先行与社会进步的关系中形成了思想先行理论，成为研究思想先导问题的直接理论依据。

（一）人类实践具有思想先行的特点

马克思主义实践观认为，实践是人的现实的感性活动，是人的有意识有目的活动。“人的类特征恰恰就是自由的自觉的活动。”① 人的自由自觉特性只能体现在认识世界和改造世界的各种实践活动中。也就是说，人类在行动之前，首先必须在思想观念中形成行动的目的和动机，构建实践活动的思想蓝图，只有这样才能表征人的意志自由。

哲学是系统化的思想体系。思想先于行动的实践特点，突出地体现为哲学对社会实践的指导。马克思主义创始人对哲学在革命实践中的重要性论述较多，通过革命这一特殊实践形式强调哲学革命对于社会革命的先在性。马克思曾用“高卢雄鸡”比喻哲学对于德国革命的思想启蒙意义，他在《〈黑格尔法哲学批判〉导言》中指出：“无产阶级也把哲学当作自己的精神武器；思想的闪电一旦彻底击中这块朴素的人民园地，德国人就会解放成为人。”② “一切内在条件一旦成熟，德国的复活日就会由高卢雄鸡的高鸣来宣布。”③ 恩格斯针对德国解放革命实践也指出：“正像在18世纪的法国一样，在19世纪的德国，哲学革命也作了政治崩溃的前导。”④ 这些论述都深刻揭示了哲学作为高度抽象的思想形式对于人类实践的先在性和重要

① 中共中央马克思恩格斯列宁斯大林著作编译局编译《马克思恩格斯全集》第四十二卷，人民出版社，1979。

② 中共中央马克思恩格斯列宁斯大林著作编译局编《马克思恩格斯选集》第一卷，人民出版社，1995。

③ 中共中央马克思恩格斯列宁斯大林著作编译局编《马克思恩格斯选集》第一卷，人民出版社，1995。

④ 中共中央马克思恩格斯列宁斯大林著作编译局编《马克思恩格斯选集》第四卷，人民出版社，1995。

意义。

思想先导理论吸收了马克思主义的实践论理念，认为人们的实践与行动是实施头脑中已有思想理念的过程。因此，思想对实践行动有着决定性的作用，如果思想错误，所引导的实践必然失败，反之亦然。人们想要达到理想的结果，必然要有方向正确的思想作为先导。思想政治教育工作，正是对思想先导理论的现实实践。

不管是人们对自然世界的改造，发展科学技术，发展产业行业，还是改造社会形态、历史发展，都离不开正确思想作为先导。回顾人类发展历史，无论是经济的巨大变革，还是哲学思想的变迁，都是先有思想的先行，后有社会生产力和认知水平的飞跃。比如公元 14 世纪至 16 世纪发生在欧洲的文艺复兴运动，是新兴的资产阶级宣告开始走向历史舞台的一场声势浩大的思想解放运动。这一场运动对欧洲社会发展的意义非凡，直接促进了社会生产力的飞速发展，也推动了近代社会哲学思想的发展，催开了现代文明之花，对欧洲社会的影响持续至今，甚至对世界的辐射也一直存在。这场史无前例的思想大解放，正是思想先导推动实践的重要证明。

在自然界，蚂蚁筑穴、蜜蜂筑巢、鸟类做窠，这些本领看起来令人惊叹，但人类改造世界的能力远远超过这些出于本能而产生的实践活动。究其原因，最主要在于发挥了主动能动性。自然界动物活动是出于生存本能的需要，而人类的活动虽然也有本能的一面，但更多地是出于理性的需求。人类创造环境，改变世界，并构建一个具有社会属性、社会秩序的社会。时代日新月异、滚滚向前，新旧事物此消彼长、不断更替。带着时代特点的新的事物、新的问题与新的矛盾在人类社会每个领域不断涌现。发展到现代化时期，这个世界都是人类通过主动能动建设而来，包括所有的现实物质世界和精神文化世界。当然，人类改造世界时因为违背自然规律而导致自然报复的现象也屡见不鲜。比如因为围湖造田造成河流失向，洪水泛滥成灾，或者对资源过度采挖，导致资源枯竭，再或是破坏植被，造成生态失衡等现象，这些都是人类违背自然规律造成的。要用正确的思想作为先导，才能顺应自然，利用自然，造福人类发展。

思想先行是人的实践活动与动物本能活动的重要区别。思想指导行为的过程，就需要事先形成先进的正确思想，确保人们在行动之前形成正确的目的、愿望和动机。思想先导理论是辩证唯物论的实践性理论，对唯物论是接受的，并不存在否定，更没有落入唯心主义的陷阱。唯心主义者所认为的思想是凭空而生的，如同从自我的意识中生长出来，最终的归宿也是走向自我意识，其思维的过程是一种空对空的演绎，而没有触及到现实的实践。而思想先导理论中的“思想”一词，是基于实践而产生的，并非从虚无中来，不是没有源头的河水，也不是没有根基的树木。毛泽东认为，实践—认识—再实践—再认识，这种形式循环往复以至无穷，而实践和认识之每一循环的内容，都比较地进入高一级的程度。在辩证唯物主义认识论的体系里，实践与行动是人类认识世界的基本前提，也是人类改造世界的基础。感性的实践到理性的认识，再转化为思想，从而指导实践，这个过程彰显出人类的认识活动自实践而起，至实践而归，以上升的结构往前循环往复，形成一个螺旋式上升的轨迹。

（二）理性思维是形成先行思想的前提

“人是有思想的存在物。”① 马克思主义认为，理性思维使得人们可以在行动之前形成关于行动的思想观念。理性思维的抽象功能在于能够超越感性的现实，不断创造新的观念。人们行动的结果之所以在行动开始时就能够在人的头脑中观念地存在，就在于人具有理性思维的能动性。理性思维能够借助于概念、判断、推理的逻辑能力，形成超出直接的感性经验范围的观念。而经过正确的逻辑推理得出的结论，不是简单地重复前提中已有的东西，而是获得了一定的新知识。同时，理性思维又有分析综合的抽象能力，思维既把相互联系的

① 中共中央马克思恩格斯列宁斯大林著作编译局编译《马克思恩格斯全集》第四十七卷，人民出版社，2004。

要素联合为一个统一体，同样也把意识的对象分解为他们的要素，也就是说，人的理性思维可以把各种现存事物中的内在要素分解开来，提取出来，又可以综合运用各种逻辑手段，按照已知的原理，根据这些要素的内在联系把它们综合起来，创造出一个个新事物的观点。同时，人们在进行理性的逻辑思维的同时，还可以发挥幻想、想象等非逻辑的思维形式的作用，进行创造性的构思，这些固然不属于理性思维的范畴，但同理性思维有着十分密切的联系。

列宁根据理性思维在形成先行思想的逻辑抽象作用，提出了思想的逻辑先行概念。对于思想先行的逻辑顺序在先，列宁对其进行了深刻的论述。他说："'行动的推理……'对黑格尔说来，行动、实践是逻辑的'推理'、逻辑的式。这是对的！当然，这并不是说逻辑的式把人的实践当作它自己的异在（=绝对唯心主义），而是相反，人的实践经过亿万次的重复，在人的意识中以逻辑的式固定下来。这些式正是（而且只是）由于亿万次的重复才有着先入之见的巩固性和公理的性质。"① 这就告诉我们，马克思主义思想先行的内涵不仅包括思想的时序在先，还包括思想的逻辑在先，因为人们千百万次的实践重复，在人们的头脑中形成"先入之见"。从根本上区别了唯心主义的"先验论"或"原则在先"等，为形成先导的思想提供了唯物主义的立场和观点。

理性思维是人类思维区别于自然界其他物种的思维的基本特征，人类能够对不同的事物和事物不同的类型层次进行本质上的辨认和分析。基本概念、性质判断和分析推理是理性思维的三种主要形式，它们都体现了思想先导。人们头脑里的思想观念决定了不同的人对同一种事物的理解千差万别。感性思维与理性思维是人们思维的一体两面。感性思维大多以直觉和情感为导向，而理性思维则与感性思维对应，一般是人们以客观存在的事实为依据，对事物进行理性的考

① 中共中央马克思恩格斯列宁斯大林著作编译局编译《列宁全集》第五十五卷，人民出版社，1990。

量之后，再作出正确的判断，以及科学决策的一种思维方式。理性思维常常需要克制人的本能和直觉，还需要克服人的欲望和情绪，形成本质的、系统的、客观的思维。

哲学的价值在于让人们真正地认知这个世界，而马克思主义哲学认为理性思维对于人们改造世界起到重要的作用，这一理论将其与其他哲学区分开来。人们能够用理性去改造世界，才能真正达成人们的实践理想。不管是认知活动，还是实践行动，其预期的目的都是相同的，都是为了征服自然生存环境，处理各类人类社会的关系，最终为人们自身的生存创造福祉。虽然认识的规律是从认识活动中产生，但认识活动最初发出的指令则是思想意识，其后续的实践行动，也是基于思想而产生。从这个意义上说，思想先导是人们改造世界的出发点和落脚点，是将人们的认知与实践融合在一起互相作用的决定性力量。因此，思想先导是基于理性思维而产生，也是人们改造主客观世界的重要规律。

（三）思想先行是思想政治教育的依据

思想政治教育的根本要求在于以正确思想教育、引导个人和社会，为个人和社会的其他工作奠定良好的思想基础，确保个人和社会以正确的思想指导实践。解决思想问题，提高思想认识是思想政治教育的基本任务，因此，马克思主义思想先行理论为思想政治教育提供了价值依据。思想先行内在地要求在工作中遵循思想领先原则，也就是指在从事各项工作时首先重视思想工作，要把思想工作做在前头，把解决思想问题作为解决一切问题的基础。革命战争年代，毛泽东强调："掌握思想领导是掌握一切领导的第一位。"① 他认为，思想领导是实现对社会全面领导的首要任务，中国共产党必须牢固地掌握全党乃至全国的思想领导，切实地成为中国的执政党。改革开放初期，邓小平指出："我们共产党有一条，就是要把工作做好，必须先从思

① 中共中央研究室编《毛泽东文集》第二卷，人民出版社，1999。

想上解决问题。”① 江泽民也提出：“加强党的领导，首先要加强党的思想政治领导。”② 这些论断都明显突出了解决思想问题先于解决其他问题的优先地位，并把遵循思想领先的工作原则上升为共产党工作的历史经验。

思想先行也必然需要高度重视和做好思想工作，搞好思想政治教育。毛泽东还指出，政治工作是其他一切工作的生命线。这里的政治工作主要是指思想政治工作，毛泽东把思想政治工作放在突出位置，强调了思想政治工作的重要性。同时，毛泽东从思想工作对经济工作和技术工作的保证作用，强调思想工作的重要意义，他说：“思想工作和政治工作，是完成经济工作和技术工作的保证。”③ 明确思想工作的优先地位和重要作用，是中国共产党做好思想工作的首要环节；开展和加强思想工作，是中国共产党的成功经验。新中国成立前，毛泽东提出：“掌握思想教育，是团结全党进行伟大政治斗争的中心环节。”④ 邓小平在改革开放初期指出：“为了保证全党思想上行动上的一致，必须有效地加强和改善我们党的思想政治工作。”⑤ 加强思想领导是无产阶级政党自觉遵循思想先行领导原则的基本要求。无产阶级的思想领导就是要用马克思主义武装人们的头脑，帮助人们掌握客观规律，树立正确的思想意识，从而凭借一定的物质条件去进行能动地改造客观世界的活动。

尽管教育的类型各异，但思想政治教育工作被世界各个国家的执政者所重视，因为只有通过对民众的思想政治教育，才能传播理念思想、政治纲领。民众的思想统一起来，才能增强国家的凝聚力和向心力。当前，我们必须坚持马克思主义在意识形态领域的指导地位，

① 邓小平：《邓小平文选》第一卷，人民出版社，1994。
② 江泽民：《江泽民文选》第一卷，人民出版社，2006。
③ 中共中央文献研究室编《毛泽东文集》第七卷，人民出版社，1999。
④ 毛泽东：《毛泽东选集》第三卷，人民出版社，1991。
⑤ 邓小平：《邓小平文选》第二卷，人民出版社，1994。

坚守中华文化立场，坚持以社会主义核心价值观引领文化建设，紧紧围绕聚旗帜、聚民心、育新人、新文化、展形象的使命任务，加强社会主义精神文明建设，繁荣发展文化事业和文化产业，不断提高国家文化软实力，增强中华文化影响力，发挥文化引领风尚、教育人民、服务社会、推动发展的作用。

习近平总书记指出："人们必须有了正确的世界观、方法论，才能更好观察和解释自然界、人类社会、人类思维各种现象，揭示蕴含在其中的规律。"[①] 一个成熟的社会离不开思想政治教育。方向正确的思想政治教育是国家意识健康发展的基石。一个国家政治思想教育实践的优劣，关系着全体公民思想是否存在问题；而公民整体思想水平的高低，又事关国家物质文明建设与精神文明建设的问题。可以想象，在一个思想混乱、意识形态纷杂的国家，是不会有高速的经济发展的。充当引导价值的思想观念正确与否，对人类实践活动是否取得成功起到决定性的作用。正确的思想并非人生来就知道，而是通过受教育获得。思想政治教育的方法有很多，但前提是保证思想政治教育内容的正确性，才能保证教育的行之有效。要注重思想政治教育的作用，用科学的、先进的思想来武装公民的头脑。

思想先导的思想政治教育要求满足一定的条件。首先，思想政治教育的内容是科学的。马克思、恩格斯和列宁思想的理论和观念，以及在漫长的革命、建设、改革和新时代等历史时期，中国共产党人提出来的中国化的马克思主义理论和观念，是一个完整的、开放的、可持续性发展的思想体系，是能够真正地维护和代表全世界人类根本利益的理念，最终的目标是建设社会主义和实现共产主义。以进步的、科学的思想理念为先导，保障思想先导的正确方向。一方面，思想政治教育就是要引导社会成员对马克思主义所倡导的价值观念、理想信仰、道德意识和审美取向形成认同，培养马克思主义化的人格

① 习近平：《在哲学社会科学工作座谈会上的讲话》，人民出版社，2016。

共性；另一方面，也要说清社会主义发展的最终方向，引导社会成员形成集体意识，推动理想社会的构建与发展。其次，思想政治教育是理论引导与实践行动的统一。以马克思主义意识形态为思想先导，是历史发展的必然选择。思想先导并非单纯的说教和生硬的传播，而是用思想引导公民的实践与行为，实现对共同的社会理想的高度认同。思想理论与实践行为相互影响、相互促进。在思想政治教育中，要使受教育者理解个体意识与共同意识的关系，理解公共利益的目标，将思想认知内化为自身素养，转化为实践行动。最后，思想政治教育引导个体发展与社会发展相平衡。个体处在社会关系当中，是有自我意识的生命个体。因此，要让全体社会成员将个体生命融入到国家共同体当中，建立个体生命与社会使命的平衡关系。作为思想先导的思想政治教育不能忽略个体与整体的平衡统一，才能让教育不脱离大众，变得有意义、有成效。

在不同的社会环境与现实条件下，思想政治教育实践发挥着不同的功能。思想先导作为思想政治教育的重要指导思想，是社会主义国家开展思想政治教育的必然选择。在思想政治教育中，意识形态必然是科学的，与社会相适应的，其内容要素和教育方法是根据国家社会需求，经过严密科学的实验与论证确立，并且随着时代的发展，不断进行内容的自我完善，以及方法的不断改进。思想先导体现了马克思主义的主观能动性理论、意识形态理论、精神转化理论和思想先行理论的唯物主义原理。因此，将其作为思想先导是科学的、合理的，也是符合中国历史发展现状的。思想政治教育和意识形态的塑造与安全，不能停留在消极的“固守”和“防守”上，要坚持思想先导，让马克思主义成为社会发展的先行实践思想，激发人们的能动性和创造力，引导人们投身到社会建设之中，推动社会发展。思想先导也是马克思主义意识形态在社会意识层面，对个体性与共同性、私人性与集体性相辅相成、协调统一的要求。在多元文化、多元思潮相互交锋的时代背景下，思想政治教育面临着多种社会思潮的交融与争论，主流意识形态的理论定位受到各类挑战，同时在功能实现效果上也面临个体主体与公共主体之间的矛盾冲突。如何真正使主流意识形态形成思想先导的力量，引导人们的主观自觉性，是一项长期而艰巨的任务。

第四章　思想先导的重要价值

“价值”的本意是可宝贵、可珍惜、令人喜爱、值得重视。从哲学层面上讲，价值是一种关系范畴，反映主客体之间的需要以及满足需要的关系。马克思很早就对价值概念有过精辟的论述，他在《评阿·瓦格纳的“政治经济学教科书”》中指出，“价值”是“人在把成为满足他的需要的资料的外界物……进行估价，赋予它们以价值或使它们具有‘价值’属性”①。这些论述表明，价值产生于价值客体与价值主体的关系，因而，价值是反映客体属性对主体需要的满足关系。根据马克思关于价值的本质论断，我们可以界定，思想先导价值是指思想先导属性对价值主体的需要的满足关系。

任何一种思潮的兴起都离不开一定的历史条件，并由于时过境迁而受到制约。思想与社会必须是相适应的，才能发挥应有的指导价值，促进社会的成长。否则，思想一旦不能与时代相适应，脱离社会实际，那就不能发挥应有的作用，甚至会阻碍社会的发展。比如中国的封建治理思想，在历史上曾在社会治理领域产生过重大的影响，甚至创造了万国来朝的盛世时期，一度作为一种相对优越的治理思想和社会文化而存在。但随着生产力的发展，封建治理思想不再适应时代要求，一些旧文化也渐渐变成阻碍社会发展的陈旧观念。我们在社会实践活动中要坚持思想先行，前提是面对现实坚持正确的思想先导，发现问题并能够及时纠正错误，总结经验，才能不断地更新观念，尽可能避免错误与倒退的发生。思想先导对社会的推动作用是基

① 中共中央马克思恩格斯列宁斯大林著作编译局编译《马克思恩格斯全集》第十九卷，人民出版社，1963。

于科学的、先进的思想。先进的思想应该是科学合理的世界观，是能够维护世界上广大人民利益的思想，才能够引领时代的进步，促进生产力的发展，促进社会走向富强、和谐与健康。不符合事物发展规律的思想，则是腐朽的、落后的、有破坏性的，必然要被历史淘汰。

意识形态影响人们的思想和行为，而马克思主义意识形态指向共同利益，真正体现了集体利益与公共价值关怀的思想，其思想先导作用具有了科学性、正当性和合理性，才能被广大民众所接受。只有将对个体观念和行为的引导融入共同体的发展之中，这种思想先导才具有现实和长远意义。奴隶社会和封建社会中，统治阶级用强制力量向被统治阶级传输意识形态，但那种意识形态目标指向并不是民众的共同利益，而是以统治阶级的利益为导向，或者说以阶级私利为目的，就造成了对大部分民众的剥削。

思想先导要求在社会治理中发挥主流意识形态的先导作用。一个国家的意识形态不能是支离破碎的观念和想法，而是成体系的理论与原则，只有这样才能够为社会民众提供认识观、世界观与价值观的供养、解释与引导。同时，这种共同的意识形态也能够向全体社会成员引导个体的历史使命和时代责任。意识形态的思想先导包括认知理论的先导，也包括价值观的先导，行为策略、实践路径的先导，要借助思想政治教育，构建一个由教育者与受教育者、个体与整体、主体与客体等关系组成的和谐体系。只有这样，思想先导才能发挥有效的先导功能，助力社会发展。

思想先导的主体既包括个体的人，也包括由人组成的社会，因此思想先导价值表现为思想先导的个体价值和社会价值两个方面。

一、思想先导的个体价值

思想先导的个体价值是思想先导价值的重要组成部分，也是思想先导价值的基础和前提，所以我们必须深入研究思想先导的个体价值。正确理解思想先导的个体价值，首先要弄清思想先导个体价值的概念。思想先导的个体价值，是指思想先导对个体的内在价值，是思想先导与个体存在发展、享用等需要之间的接近、适合或一致。马克思指出，单个人如果不在自己的头脑的支配下使自己的肌肉活动起来，就不能对自然发生作用。正如在自然机体中头和手组成一体一样，劳动过程把脑力劳动和体力劳动结合在一起了。人的一生主要由生活、学习和工作三个领域构成，因此，思想先导的个体价值主要指思想先导能满足个体生活、学习和工作的需要，表现为个体提高生活品质、增强学习效果、提升工作效能的需要。

人的主体性理论是思想先导个体价值的理论基础，也是马克思主义唯物史观中的重要组成部分，马克思、恩格斯在不同时期对于人的主体性地位和需要给予了不同的论述，其本质精神就是追求无产阶级和全人类的解放，实现个人的自由而全面地发展。毛泽东则指出："世间一切事物中，人是第一个可宝贵的。在共产党领导下，只要有了人，什么人间奇迹也都可以造出来。"① "我们这个队伍完全是为着解放人民的，是彻底地为人民的利益工作的。"② 为此，毛泽东提出培养德智体全面发展的劳动者的教育方针；而邓小平则在此基础上提出要培养"四有新人"。随着改革开放的不断深入和社会主义市场经济体制的建立，人的主体性日益凸现。关注自身、追求个体价值已得到人们的认同。可以说，社会的进步与时代的发展都要求我们重视个人价值。这些论述都表明了马克思主义的本质是"以人为本"，而且是关注每一个个体，尊重每一个个体的存在价值。

人的行为是受人的思想支配的，人们的社会实践是思想来源的基础，又是促进人们形成正确思想的重要条件。一般来说，人们的社会实践，是通过对于生活、学习、工作三个方面的感性认识上升到理性认识，再从理性认识到实践，不断往复的实践体验过程中实现的。

① 毛泽东：《毛泽东选集》第四卷，人民出版社，1991。
② 毛泽东：《毛泽东选集》第三卷，人民出版社，1991。

个人的生活、学习、工作都离不开思想的支配和引导，思想始终贯穿于这三个方面的每一环节。生活、学习、工作三个方面要实现相互促进，发挥好三者互相依赖的整体功能，人们必须增强自我调控能力。自我调控是一个以思想为核心的中枢的发挥生活、学习、工作整体效应的不可分割的有机整体。人们只有从思想上增强自我意识，充分发挥自我调控的整体功能，使思想得到充实和升华，才能使生活、学习和工作始终昂扬着文明健康的生机。

（一）思想先导对个体生活的价值

理想是人们在实践中形成的、有可能实现的、对未来社会和自身发展的向往和追求，是人们的世界观、人生观和价值观在奋斗目标上的集中体现。① 理想在个人生活领域的具体内容就是人生理想，是个人在生活实践中形成的对工作、住所、家庭、休闲等方面的向往和追求。“仓廪实而知礼节，衣食足而知荣辱”。在人们理想的内容结构中，生活理想是最基础的理想，是选择和实现职业理想与社会理想的基础性条件。个人生活理想的状态如何不仅关系到个人的生活质量，而且直接影响到个人的职业发展和社会贡献。因而，构建正确的生活理想形态是实现个人价值和社会价值的最基本要求。张闻天曾说过：“生活的理想，就是为了理想的生活。”简洁而又深刻的语言表达指出了生活理想的实际内容。生活理想主要解决个人的生理需要，是对吃、穿、住、行、用以及恋爱、婚姻和种族延续的理想，体现的是理想的现实需求。然而生活理想也是其世界观、人生观和价值观在生活领域的现实反映。坚持唯物主义世界观的个人在坚守生活理想时，将以唯物主义的观点看待社会，以理智的头脑分析问题，以明确的原则指导行动，相信现实条件和个人努力，在人生的关键抉择阶段把握住方向，而不会沉浸在“神灵庇护”的空想中。在生活中拥有积极人生观的个人，将以乐观、开朗、积极的态度对待人生的各种艰难险

① 本书编写组编《思想道德修养与法律基础》，高等教育出版社，2009。

阻，在各种逆境中永葆生活的热情，争做生活中的强者。坚信个人价值和社会价值辩证统一的个人，不会沉醉在只限于满足感官快乐的享乐主义世界中，而是在个人基本生活需求得到满足的同时，更多地把精力投入到为他人服务的伟大事业中，以个人力量的涓涓细流汇成社会发展的浩瀚海洋。

生活理想不能脱离一定的物质基础，这是任何生活理想的共同之处。但是个人生活理想因为世界观、人生观的科学与否却有了性质上正确与否的差异。世界观就是人对世界的本原是什么、世界的发展怎么样等问题思考后形成的看法和观点，即关于世界的思想；人生观就是人对人生道路、人生意义和人生价值等方面思考后形成的看法和观点，即关于人生的思想。正确的生活理想就是以科学的世界观和人生观为指导的生活理想，也就是以符合世界现实和人生现实的思想为指导的生活理想。关于生活理想的思想主要包括对于社会人生的评价、对于人生位置的探索、对于人生责任的认识、对待困难和挫折的态度、对于复杂世界的思考等。构建正确的生活理想形态需要以科学的世界观和人生观为指导，也就是以对社会人生、人生位置、人生责任、人生困难和挫折的正确思想为指导，经过理性思考后，对社会人生的状态作出客观的评价，在社会的多维结构中正确定位个人，在多维社会关系中勇于承担各种角色赋予的责任，积极乐观地面对生活中的各种苦难和挫折。

选择健康的休闲方式是提高生活品质的重要内容，而对于人生的正确认识是确保个体选择健康有益的休闲方式的前提。人类社会在一次又一次工业化浪潮的推动下，自由时间日益增多，休闲已成为人们生活的重要内容。在现代社会中，“休闲与工作同等重要”已成为绝大多数人对于休闲意义的认识。但是，休闲却成为现代人的一大挑战，休闲价值的认识、休闲内容的确定、休闲方式的选择、休闲技能的掌握等都是现代人在休闲生活中面对的难题。具体的休闲技巧是休闲生活的基础，然而，关于休闲的各种看法、观念却是影响休闲生活的重要思想条件，其中休闲价值观是最核心的部分，决定了休闲内容、休闲方式的选择。掌握一定的休闲技巧和技能对提升个人的休闲生活质量固然重要，但休闲生活的决定性因素依赖于科学的休闲价值观和休闲行为的选择判断。对于休闲价值的认识、休闲方式选择的指导思想是人们休闲思想的重要内容。全面、正确认识休闲的价值，是确立健康的休闲生活的第一步，也是以正确的休闲价值观引导人们休闲生活的重要体现。所以，人们选择健康的休闲方式前首先要树立健康、科学、合理的休闲价值观。

对于休闲价值的认识是人们休闲思想的重要内容，也是指导人们休闲生活的思想源泉。现代一些人对休闲的价值缺乏正确认识，在他们的潜意识中，唯有工作才能体现人的价值，认为休闲就是休息和消遣，甚至一些人错误地认为休闲是浪费生命。其实不然，休闲既是身体的颐养，更是精神的休整。休闲的价值是实用（日常性的休闲）和欣赏（超越性的休闲）的统一，是安顿生命的生活方式，我们可以从休闲的词源上予以证实。在中国古代，从词意的组合上，休闲不同于“闲暇”“空闲”“消闲”，具有特殊的文化内涵。休闲是指劳作后的休息，“休”在甲骨文中是“人依木”，指人在树荫下休息，这与《说文解字》中的词义是一样的；《尔雅》中把“休”释义为“息”，这表达了人们生活中劳作与休憩的辩证关系。休闲同时还指一种追求真、善、美的精神生活，喻示着物质生命活动之外的精神生命活动。“休”在古文经典中多为“美”“善”之意，如《诗经·大雅》中的“对扬王休”，《左传》记载中的“德之休明，虽小，重也”，《广雅·释诂》中的“休，善也”等，“休”具有形而上的寄托，展现的是一种很高远的境界，赋予生命以真、善、美的意义。

马克思主义休闲思想中，休闲是娱乐、自由和发展的统一，不是单纯的娱乐活动。在马克思主义的论述中，“休闲”一词一是时间概念，即“用于娱乐和休息的余暇时间”“非劳动时间”“不被生产劳动所吸收的时间”；二是指自由时间，这种自由主要体现在与物质生活相对应的精神生活中；三是指发展智力，在精神上掌握自由的时间，休闲能促进人的全面发展。因为“只有在这个阶段上，自主活动才同物质生活一致起来，而这又是同各个人向完全的个人的发展以及一切自发性的消除相适应的”①。

我们要从休闲的实用价值和文化价值两个角度全面认识休闲的价值，而不是停留在狭义的层面；要明确休闲具有娱乐、自由和发展的三重功能，而不是只看到其单纯的娱乐特性。只有这样，才能科学地认识休闲，才能更好地指导我们的休闲生活。休闲生活本身也是一种精神体验和享受，也是一种心灵愉悦、境界提升的过程，是物质生活之上的精神生活。其中休闲生活中的知识积累、学识增加、阅历锤炼和智慧丰富都伴随着各种理论的学习，是各种理论认识武装头脑的过程。其中休闲哲学的学习是重要内容。正如胡伟希所认为的：“休闲就是过一种符合‘中道’原则的生活。它本质上是一个人生哲学的概念。”② 儒家的休闲哲学就蕴含着休闲之道的学习内容，是我们学习休闲智慧的宝贵资源，它是“极高明而道中庸”的哲学，将人生理想、追求、价值等体现于日常生活世界，通过人的具体行为模式、生活内容、行为风格来显示人的生活态度。早在古希腊，哲人们就开始关注休闲，他们所谓的休闲生活既没有现代如此多的闲暇时间，也没有今天的各种现代休闲设施，更不是今人理解的无所事事或沉醉于声色犬马的娱乐，而是处在沉思默观的状态中去体察和倾听世界，是一种崇高的精神活动。

丰富人的精神生活、塑造高雅的生活品质，需要个人掌握一定的思想理论，并自觉丰富人的精神世界，这就需要发挥思想先导的积极效应。有人在读完《思想录》之后发出这样的感慨：思想是一个人的灵魂，正是思想使我们有别于其他动物并持有一份尊严。一个人如

① 中共中央马克思恩格斯列宁斯大林著作编译局编《马克思恩格斯选集》第一卷，人民出版社，1995。

② 胡伟希：《中国休闲哲学的特质及其开展》，《湖南社会科学》2003 年第 6 期。

果没有带着思想去生活，那么，他只能是活着，而不是生活，更不可能拥有富有意义的人生。首先，思想能引导人建立生活信仰，生活信仰应是建立在主体自觉基础上的，是每个人经过独立思考、独立判断而确立的。一个人知道了什么是自己的有价值、有意义的生活并可以这样生活，才会发现道德规范对于保证这样的生活的意义，从而去遵守它。其次，思想能引导人确立良好的生活方式。《论语·述而》中指出，“饭疏食饮水，曲肱而枕之，乐亦在其中矣。不义而富且贵，于我如浮云”。并不是要否定物质利益对个人生活的意义，从而是要把仁义作为人生价值的重心及获取物质利益的前提和评价标准。再次，思想能引导人追求幸福生活。只有燃起追求幸福生活的激情才能实现真正幸福的愿望。马克思说：“激情、热情是人强烈追求自己的对象的本质力量。”① 最后，思想能引导人享受精神生活。江泽民指出，社会主义要使人民精神生活充实，物质贫乏不是社会主义，精神空虚也不是社会主义②。

（二）思想先导对个体学习的价值

学习是人类认识自然和社会，不断完善和发展自我的必由之路，个体的学习活动是一生中连续不断的过程。人的一生中需要各个方面的发展，因而人总在自觉地或不自觉地进行有意识的或无意的学习，使得学习成为人类及每一个个体的一项基本活动。联合国教科文组织报告《学会生存——教育世界的今天和明天》中提出：“人必须在一生的一切时间和空间中学习。”终生学习已经成为人的基本生存方式。进入 21 世纪之后，人类对于学习的认识越来越全面，中国共产党顺应时代发展的需要，在十六大报告中强调，“形成全民学习、终生学习的学习型社会，促进人的全面发展。”随后，十七届四中全会明确提出，要把建设马克思主义学习型政党作为重大而紧迫的战

① 中共中央马克思恩格斯列宁斯大林著作编译局编译《马克思恩格斯文集》第一卷，人民出版社，2009。

② 江泽民：《江泽民文选》第一卷，人民出版社，2006。

略任务抓紧抓好。这是中国共产党从全面推进中国特色社会主义伟大事业和党的建设新的伟大工程的全局出发，提出的一项重大战略任务，也是对人类学习行为的深层认识。

学习作为人们的自由自觉行为，也是在一定的思想理论的指导下实现的。人们在开展具体的学习活动前，将形成对于“为什么学”即学习目的、“学什么”即学习内容、“怎么学”即学习方法的认识，而且这些关于学习的认识都是在个人世界观和人生观的引导下形成的。也就是说，人们在具体的学习行为之前就在头脑中产生了关于学习的种种思想观念，以此指导自己的学习行为，使得自己的学习行为体现更多的主体性和自觉性。这就是思想先导在个人学习领域中的价值，即正确的学习思想观念有利于个人形成正确的全面的学习目的，有利于个人掌握科学先进的学习方法，有利于个人激发持续强劲的学习动力，满足个人发展的需要。

首先，思想先导有利于形成正确全面的学习目的。目的主观上体现了人对某种对象的需要，是人在行动之前在观念上预设的目标，是推动人的实践活动的直接动力，对行动具有精神激励和方向引导的作用。树立正确的学习目的是人们学习领域中最关键的一环。所谓学习目的，是一个人对学习的意义、作用的自觉认识和追求，体现学习者在学习生活中的理想志向。学习目的决定学习者的努力方向，赋予学习者以内在动力，左右学习态度，影响学习习惯，通过影响人的意志和情感来影响学习效率。因而，学习目的通过以上这些因素直接影响个人的学习效能。

一般来说，学习具有功利性、道德性和完善性三重目的。功利性学习目的就是学习者在学习中关注学习行为产生的直接利益，主要注重学习结果的可用性，认为通过学习可以满足个人生存、生活和发展的某一种需要，或者获得至少应该是可以用来做一定的事情的技术或者工艺。道德性学习目的是对功利性学习目的的超越，认为学习不全是为了满足个人生存、生活和发展的需要，而是从更高的社会需要的层面上去完善自己，努力成为可以被社会接受的人。完善性学习目的就是在人格的完善性上认识学习需要、实施学习行为，追求学习结果带来的个人和社会的“真、善、美”。完善性学习目的不只是关注学习的道德性，而是对更为全面的人格完善的追求。因此，它又是对道德性学习目的的超越，既是引领人的学习行为的最高层次需要，也是现代学习目的观的基本内涵。现代学习者应树立合理的现代学习目的观。《大学》记载：“大学之道，在明明德，在亲民，在止于至善。”至善是教育的最高境界，也是人学习的最终目的。个人的学习行为必定首先受其学习目的的影响，只有具有最高层次即完善性学习目的的学习行为才能导以高尚、全面的学习行为，学问再多，方向不对，等于无用。[①]

其次，思想先导有利于掌握科学先进的学习方法。学习方法是人们通过学习实践总结提炼的快速掌握知识的方式和途径，是人们对于学习方式和途径的理性认识，包括基本的方法论和具体的学习方法。学习必须讲究方法，个人在学习的过程中都会自觉或不自觉地使用一定的学习方法，而学习方法的科学性和先进性直接影响到学习行为的效果。错误落后的学习方法将降低个人的学习效果，科学先进的学习方法能帮助学习者提高掌握知识的效率，使得学习者在学习过程中收到事半功倍的效果。当前，社会已经进入“知识爆炸”和知识更新周期加快的新时代，人们的学习压力日益加大，为了增强学习效能，从经济性、效率性和价值性等原则出发，个人在具体的学习行为中必须以科学的方法论原则为指导，掌握先进的学习方法，提高学习的效率。

系统论在克服笛卡儿分析论思维方式不足的基础上，对人类固有思维方式进行变革，认为人们在研究和分析任何事物时，都应将对象当作一个系统，分析系统的结构和功能，研究系统、要素、环境三

① 毛泽东：《毛主席论教育革命》，人民出版社，1967。

者的相互关系和变动的规律性，并力求优化系统。系统论的出现为个人的学习行为提供了新思路和新方法。系统学习法是在系统论的指导下形成的关于学习的基本方法，也是提高学习效率的科学先进方法。世界上任何事物都可以看成是一个系统，大至渺茫的宇宙，小至微观的原子，都是一个个由其各要素有机构成的系统，整个世界就是系统的集合。整个人类知识也是一个复杂的、多因素的巨大系统，是由关于自然、社会和人的思维等方面所组成的有机整体，而各学科知识门类又是这个巨大系统的子系统，它们之间存在相互联系、相互制约、相互作用的关系。只有系统的学习才能打牢个人的知识基础，形成较为完整的知识架构，形成联系紧密、协调迅速的知识网络，才能在此基础上对知识运用自如，才能有创造和创新。系统学习法是把学习内容当成一个整体。先从整体来把握学习内容，再把学习内容合理分解，认识各部分知识的特点，弄清各种知识之间的内在关联，最后按照整体轮廓整合这些内容，特别是相互之间的结构和组织形式，从整体角度把握，运用系统学习法要求学习者具有整体感和完整意识，需要在知识的整体与部分间积极相互转换。系统学习法最讲究的就是整体把握。也就是在学习的过程中要先以最快的速度在头脑中建立所学内容的轮廓。在知识轮廓形成以后拆分成各小部分进行分析、比较和引申。对于细节，也应该尽可能地组块，把小刺激联合成大刺激，从意群把握。学习内容的系统中存在合理的结构，建构合理的认知结构也是系统学习法的基本要求。只有形成合理的认知结构，头脑中的知识才能在生活与工作中灵活有效地展示和运用。

知识学习的同化理论认为，只有在原有知识的基础上才能开展一切新知识的学习。因此，牢固地掌握已有知识能更好地学习新知识。现代人为了达到较好的学习效果，就必须掌握迁移学习法的基本理论，这也是指导现代人提高学习有效性的基本方法。迁移学习法的基本要求是学习者在学习中通过对已有知识的应用，获得和掌握新知识的学习方法。其关键性的要求就是学习者能在对基本的概念或原理反复学习、勤于思考、熟练掌握的基础上，灵活应用已有的知识经验，做到举一反三、触类旁通地学习。在知识更新速度日益加快的今天，学习者需要掌握与知识经济时代相适应的现代科学知识，在掌握各门学科基础知识和基本技能的基础上，能实现旧的学习内容促进新学习的正迁移，避免先前的学习内容干扰后来学习的负迁移。

最后，思想先导有利于激发持续强劲的学习动力。“知识能改变命运”已成为现代社会人的共识。知识经济时代，学习已经成为个人生存、生活与发展的内在需要，于是，学习就成为了现代人的一种精神压力。如何把学习的压力化为学习的动力，这是现代教育者试图探索的教育课题。第一，学习动机是直接推动人学习的内在动力，明确的学习动机能激发人的学习动力。普列汉诺夫说，认识特定现象的绝对必然性，只会加强同情该现象并自认为是引起该现象的一份力量的人的毅力。[①] 如马克思在中学时代就确立了“为无产阶级的解放和全人类的幸福”的学习动机，以此激励自己不断学习人类历史上的优秀文化知识，在哲学、政治经济学和社会主义理论等方面取得了较为丰硕的学习成果。又如，周恩来在中学就树立了“为中华之崛起而读书”的学习动机，正因为如此，他一生都保持强劲的学习动力，在中国的革命和建设事业中不断汲取鲜活的知识，丰富自己的人生。第二，浓厚的学习兴趣也是保持学习动力的重要因素。兴趣又称求知欲，是力求认识世界、渴望获得文化科学知识、探究真理并伴随着愉快的情绪体验的认识倾向。爱因斯坦说：“兴趣是最好的老师。”兴趣是学习动力，它可以使人废寝忘食。相反，如果对知识、对科学没有兴趣，把学习看成是一种负担、一件苦差事，当然不会有好的学习效果。达尔文 7 岁时便对收集生物标本、对昆虫鸟兽感兴趣，正是这些强烈的学习兴趣才使得他有执著的学习追求，进而在科学上取得了巨大的成功。第三，要激发学习者强劲持久的学习动力，必须倡

① 普列汉诺夫：《论个人在历史上的作用问题》，王荫庭译，商务印书馆，2010。

导快乐学习的理念。正如列宁说："没有'人的感情'，就从来没有也不可能有人对于真理的追求。"[①] 在学习中寻找和体验幸福是激发学习动力的重要因素。英国社会学家赫伯特·斯宾塞在100多年前就曾倡导快乐教育理念，他在《快乐教育》中指出，学习者在快乐的状态下学习效果最好；诱发学习兴趣发展，鼓励自我教育，帮助树立快乐的心态和学习方式，是增强学习动力的重要方式。

（三）思想先导对个体工作的价值

"思想领先，思想先行"是人们一切工作需要把握的首要问题。只有把思想问题解决了，工作才有积极性，行动才有方向性，落实才具可靠性，才能把工作真正落到实处，否则我们所从事的工作就会事倍功半，欲速则不达。在工作中，个人只有在正确职业观的指导下不断创新思路、改进方法、改善环境，体现人的自主性和自觉性，才能充分激发人的各种潜能，提升工作业绩，实现人的自我价值和社会价值的统一。人的职业观通常决定着人的职业取向和人生作为。良好的职业观表现为对某种职业的热爱，乐意学习和从事此种职业，并执着追求其成就，有利于个人进步和事业的发展。职业观体现出的是人们对职业的认知，个人只有在正确的思想理论指导下，才能形成对于职业的科学理解。职业是人们运用知识和技能，为社会创造物质和精神财富，获得一定报酬作为生活来源，实现自我价值而从事的稳定的社会劳动。个人在职业生涯中养成的行为方式和工作习惯、奉行的职业道德反映着一定的生活态度、经济状况、行为模式和思想境界。只有形成对于职业的科学认识，才能合理规划自己的职业目标和职业生涯。

思路是人们思考某一问题时思维活动进展的线路或轨迹，工作思路就是人们为了深化和表达其思想认识而遵循的思维活动的线路。因此，工作思路是人们对于工作意义、工作重难点、工作具体流程等形成的认识，也就是对工作进行思考后获得的思想。思路决定出路，

① 中共中央马克思恩格斯列宁斯大林编译局编译《列宁全集》第二十五卷，人民出版社，1988。

工作思路关系着工作的进程、效率和结果，还影响到工作关系的处理、工作任务的安排。马克思主义认为，任何事物都是变化发展的，应该在事物变化发展的历程中把握事物的规律，并遵循规律开展有创造性的实践活动。因此，创新工作思路是马克思主义唯物辩证法对于“思想领先”工作原则的基本要求。在工作中，只有根据变化了的客观实际提出新的工作目标，以不断创新的工作理论为指导，运用新的工作方式方法，才能确保创新工作思路落到实处。

人们把方法看成是巧妙办事或有效办事应遵循的条理或轨迹、途径、线路或路线。工作方法是指人们在工作中为达到工作目标而采取的手段与行为方式，是人们完成工作任务的中介。不运用具体的工作方法，工作目标就不能实现；不运用正确的工作方法，工作效率将大大降低。人们只有结合工作实际，运用先进的方法才能提高工作效率。如人们根据实践经验，在 20 世纪 40 年代先后创立系统论、控制论和信息论，而后在 20 世纪 70 年代以来陆续确立了耗散结构论、协同论、突变论，这些科学方法均已成为人们提高工作效率必须遵循的方法论。

马克思主义认为，世界是一个相互联系、相互影响的整体，万事万物都处在相互联系之中。人的本质是社会关系的总和，因此，人们在工作中必然结成这样或那样的关系。人们的实践活动，尽管其间包含着不同的个体特性，但在本质上则是在一定实践观念的指导下的整体性协调行为。而现代社会，工作的协调性显得越来越重要，人们在工作中结成的关系越来越密切。工作环境既包括自然环境，也包括人文环境。在具体的工作过程中，工作环境直接影响到劳动者的心情和状态。人际关系环境是工作环境中的软性因素，却直接影响到劳动者对工作的态度和效率。马克思指出，只有在共同体中，个人才能获得全面发展其才能的手段，也就是说，只有在共同体中才可能有个人自由。[1] 关于人的本质理论就是指导工作中人际关系处理和协调的理论，只有正确认识人的本质，才能为形成和谐的人际工作环境提供理论指导。毛泽东指出提高劳动生产率的途径有三，包括物质技术、文化教育和政治思想工作，并认为后两者都是精神作用。其中，“文化教育”和“政治思想工作”都是以形成正确的思想理论为基础，以科学理论为指导，引导人们形成正确的思想观念，进而指导人们的社会实践活动，因此，两者都是思想先导的过程。思想能引导人在工作中激发强烈的主体意识；思想能引导人在工作中树立良好的竞争观念；思想能引导人在工作中确立正确的效益观念。恩格斯曾说过，社会一旦有技术上的需要，则这种需要就会比十所大学更能把科学推向前进。[2] 社会性的共同要求和需要能有效激发人的工作热情和创造潜能，进而提高工作效率。

二、思想先导的社会价值

马克思曾经指出，在社会领域中，人是相互需要的，相互创造的，相互交换其活动的。这就是说，人们基于不同的需要，客观上也要求人们建立共同的、实现其价值的理性资源。人在本质上是类本质样态、群体本质样态和个体本质样态的三重样态感性的统一。[3] 因此，研究思想先导的价值除了从个体的角度，还必须从社会的角度来加以审视。思想先导的社会价值是指思想在引领社会经济、政治、文化等方面体现出对社会整体的有用性。

（一）思想先导在社会经济领域的价值

政治工作是经济工作和其他一切工作的生命线。毛泽东具体论

① 中共中央马克思恩格斯列宁斯大林著作编译局编《马克思恩格斯选集》第一卷，人民出版社，1995。

② 中共中央马克思恩格斯列宁斯大林著作编译局编《马克思恩格斯选集》第四卷，人民出版社，1995。

③ 霍布斯：《利维坦》，商务印书馆，2009。

述了思想工作和政治工作与经济工作和技术工作的关系，认为思想工作和政治工作是完成经济工作和技术工作的保证，且思想和政治是统帅和灵魂，思想工作和政治工作不能放松，否则“经济工作和技术工作就一定会走到邪路上去”①。思想政治教育的经济价值是指思想政治教育能间接促进社会经济增长和发展，满足人们物质的和精神的需要。从整个社会层面考察，思想政治教育能够形成一定的社会意识形态，以此影响和制约整个社会的经济行为，从而实现其价值。从个人层面考察，思想政治教育能激发人们的主体精神和竞争意识，帮助人们树立正确的效益观念、时间观念、科技意识，从而推动社会经济的发展和社会全面进步。

首先，思想先导能把握经济发展的内在规律。马克思指出，社会生产形式必须将劳动者和生产资料结合起来。② 生产力由劳动资料、劳动对象、劳动者构成，人作为劳动者是首要的生产力，是生产力中最活跃的主导性因素。思想先导可以充分调动人的生产积极性、主动性和创造性。思想先导的目的在于提高人的思想理论水平，养成正确的思维方式，塑造思想素质良好的劳动主体，促进人的发展。思想政治教育是促进生产力发展的重要因素。生产力表示人与自然的关系，是人类改造自然获得物质生活资料的能力。可以说，没有劳动者就没有生产本身。在现代科学技术高度发达的情况下，劳动者的劳动能力的大小，主要取决于劳动者的体力、智力和才干，而体力、智力、才干发挥的情况，又取决于世界观和思想政治状况。当某个劳动者由于思想问题，在劳动过程中不愿把自己的体力、智力和技能发挥出来的时候，他的劳动能力还只是一种潜在的要素。思想政治教育的作用，就在于它能提高劳动者认识和改造客观世界的能力，能激发其劳动热情，充分发挥其智慧和创造力，从而促进生产的迅速发展。由此可

① 中共中央文献研究室编《毛泽东文集》第七卷，人民出版社，1999。

② 中共中央马克思恩格斯列宁斯大林著作编译局编《马克思恩格斯选集》第二卷，人民出版社，1995。

见，在促进生产力发展的各要素中，思想政治工作者的劳动的价值和作用是不能排除的，在劳动者生产出的物质产品中，也凝结着思想政治工作者的辛勤劳动。正是这种劳动，促进了劳动者思想情绪的积极转化，从而保证了生产价值的大量增值和经济效益的提高，促进了生产力的不断发展。

其次，思想先导为经济发展提供价值导航。人们的经济行为不仅体现其“经济的力量”，同时表达其“内在价值”。马克思·韦伯曾指出，新教伦理决定了资本主义伦理价值体系方面的形成，也促进了西欧资本主义经济的蓬勃发展。同时，马克思·韦伯也指出了价值规范对经济活动的导向作用，经济活动如果不灌注一种精神或者缺乏道德规范，那么就容易变成一种纯物质利益的冲动和暴发挥霍。① 毛泽东指出，思想工作和政治工作是经济工作和技术工作的统帅和灵魂。

最后，思想先导为经济增长营造思想环境。诺贝尔经济学奖获得者库兹涅茨说过，一个国家的经济增长，是建立在先进技术以及所需要的制度和思想意识的相应调整的基础上的。② 思想政治工作作为上层建筑，是建立在经济基础之上的，同时对经济具有巨大的推动作用。生产力要素中人是最活跃、最关键的因素，生产力的发展直接靠人去推动去实现，正确的先进的思想实际上也是生产力。人与动物最本质的区别就在于人有思想，人的行为是有目的的，而思想决定着行为趋向，思想的正确与否直接决定了行为结果的好坏。要对人们的行为进行正确的引导，首先必须帮助人们树立正确的思想，形成正确的行为趋向，提高人们认识自然改造自然的能力，动员人们自觉地为实现当前和长远目标而努力工作。这正是思想政治工作者的职责所在。新的经济形态的萌芽发展形成，必然带动思想意识形态的转变，同时思想意识形态的先进与否，也直接促进或制约新的经济形态的形成。

---

① 马克思·韦伯：《新教伦理与资本主义精神》，生活·读书·新知三联书店，1987。

② 库兹涅茨：《各国的经济增长》，常勋等译，商务印书馆，2017。

现代思想政治工作，首要的任务应该是向广大国民宣扬符合时代潮流的思想意识，不断改造、丰富完善中华文化，赋予中华文化更多创新进取的文化因子，提高人们的文化素养，从而为倡导新质生产力发展的中国社会植入优秀的创新基因。

（二）思想先导在社会政治领域的价值

政治是经济的集中表现，思想先导的经济价值也都将体现为思想先导的政治价值。但政治作为一个社会的上层建筑领域，思想先导价值在政治领域的体现主要表现为扩大政治认同和维护政治稳定两个方面。首先，思想先导有利于扩大政治认同。政治认同是政治主体在与政治系统的相互作用中，对政治系统的心理反映过程，基于一定的政治认知，对政治系统作出判断和评价，伴随积极的政治情感倾向形成的对现实政治体系的价值认可和民主确信。形成政治认同后，人们将自觉地按政治要求规范和调控自己的政治行为，积极地参与政治活动，促进政治体系的运行和发展。政治认同全面反映了政治主体对现实政治的认知、情感、意志、信念、行为。

认同作为人的一种主体活动，有一个由浅入深、逐渐发展的过程。政治认同的等级分为三个层次：初级层次，即血缘、种族、地域的认同，属于政治主体本能上的认同；中级层次，即对政治组织的热爱、信赖、追随、亲近、归属等，属于政治主体情感上的认同；高级层次，即在理性认识指导下的认同，属于政治主体理智上的认同。[①] 理智上的认同是在基于政治认知前提下，表现为对某一政治理想的追求，或将自身投入到某一政治事业中去的自觉。理智的政治认同是在社会政治生活中把人们组织起来的重要凝聚力量。任何一个政治组织只有得到了社会成员广泛的理智认同，才能获得充沛的生命力并能长期存在下去；一个人只有在产生理智认同感的基础上，才能对一个政治组织或一种政治信念表现出极大的热忱和忠诚。因此，加强对国民的

① 中国大百科全书总编辑委员会《政治学》编辑委员会，中国大百科全书出版社编辑部编《中国大百科全书·政治学》，中国大百科全书出版社，1992。

政治思想教育，培养公民对国家政治结构、政治制度的理智认同感，是扩大政治认同的最高要求。

扩大政治认同有利于统治阶级思想保持主导性。政治认同要求统治阶级对其社会成员进行政治思想、政治行为方式等方面的教化，把主导价值观内化为社会成员的政治行为，从而实现社会成员的政治观念和政治行为的整合。伴随着世界经济的全球化，西方现代化的进程和模式在一定程度上给我国人民带来一定的政治认同危机，具体表现为：国家认同感不强、政治发展信心不足。现阶段，为了增强我国公民的政治认同，克服现代化转型中的政治认同危机，必须最大可能地实现以下政治认同转型：从情感层次的政治认同转型为认知层次的政治认同，从本能、感性的政治认同转型为自觉、理性的政治认同。政府必须强化政治思想教育在扩大政治认同上的功能，合理引导公民的政治思想，对广大青年特别是青年大学生进行社会主义核心价值体系的主旋律教育，在深化改革、扩大开放中坚持四项基本原则教育，加大党的路线、方针、政策的宣传力度，确保社会政治稳定，促进社会发展。只有这样，政治思想教育才能发挥其在扩大政治认同中的作用，实现公民对政治角色的认同，激发为共同事业奋斗的热情和信心。

同时，思想先导也有利于维护政治稳定。历史表明，任何社会整合最有效、最为根本的方式和途径，就是使某种意识形态社会化。任何政党的执政过程，实际上就是教育群众、组织群众和带领群众的“双向互动”过程。依靠社会认同而产生的自觉服从的力量是维护政治稳定的非强制性力量，需要从思想意识上把握群众参与政治的欲望，把党的思想理论转化为群众的创造性实践，并通过执政党成员的示范行动转化为社会的主流行为规范。意识形态具有粘合剂的作用，能够把各种运动、党派和团体都聚合起来。“如果放弃在政治领域中同我们的敌人的斗争，那就是放弃了一种最有力的行动手段，特别是组织和宣传的手段。”① 知识的价值之一在于它是人实现自我完善的重要手段，直接影响着人的理性、信仰和理解。同时，知识对于治国安邦有着重要作用。培根认为，学问会使人心雅、仁厚、易于治理，而愚昧则只能使人粗野蛮横，易于叛乱。当前中国正处于以中国式现代化全面推进中华民族伟大复兴的关键阶段，改革正处于攻坚阶段和进一步深化阶段，开放也正在进一步扩大。发展经济需要稳定，深化改革、扩大开放需要稳定，完善民主、健全法制需要稳定，加强精神文明建设需要稳定。没有稳定，什么事也干不成。

（三）思想先导在社会文化领域的价值

客观事物所具有的能够满足一定文化需要的特殊性质或者能够反映一定文化形态的属性就是文化价值。思想先导的文化价值内在地包含两个方面的规定性：一方面存在着一种能够满足文化需要的思想，另一方面存在着某种具有文化需要的思想主体。当一定的思想主体发现了能够满足自己文化需要的思想，并通过某种方式占有这种思想时，就出现了文化价值关系。

文化是社会生活的精神产物，是一个民族的精神支柱。新中国成立初期，毛泽东预言说，随着经济建设高潮的到来，我国将不可避免地出现文化建设的高潮。中国人的文明程度将提高，中华民族将以一个具有高度文化的民族形象立足于世。党的十七大报告明确指出，“当今时代，文化越来越成为民族凝聚力和创造力的重要源泉、越来越成为综合国力竞争的重要因素”。从文化建设的提出到大力发展文化产业和培育国家文化软实力，再到文化大发展大繁荣战略的提出，中国共产党顺应了时代发展的文化潮流。文化是一个民族的思想灵魂和精神家园，文化的力量体现为民族的生命力、凝聚力和创造力。文化既是软实力，也是硬实力，是无形且作用巨大的思想精神力量。文化中的思想即对于“文而化之”的思维、思考与思想形成的一种

① 中共中央马克思恩格斯列宁斯大林著作编译局编《马克思恩格斯选集》第二卷，人民出版社，1995。

“文化之思”，因此，思想价值就成为文化价值的核心价值。因此，考察思想先导在社会文化中的价值是当前时代的前瞻性思考。思想在社会文化中的先导价值具体包括思想先导能促成文化自觉，思想先导能增强文化自信，思想先导能通向文化自强。

首先，思想先导能促成文化自觉。什么是文化自觉？费孝通先生对其作了深刻的解读，认为文化自觉是指生活在一定文化中的人对现有文化的“自知之明”，懂得它的发展脉络、形成过程、所具有的特色和发展的趋向，目的在于加强对文化转型的自主能力，获得适应新环境、新时代文化选择的自主地位①。文化自觉涉及以什么样的视角认识文化，其实质是指生活在一定文化历史圈子的人对其文化有自知之明，并对其发展历程和未来有充分的认识。由此可知，文化自觉建立在对文化的理性认识基础上，包括对自身的文化内容、文化渊源及文化发展前途的认识。

没有对文化的认识和理解就没有真正的文化自觉。也就是说，文化自觉的形成必须以一定的文化思想为指导。同时，费孝通先生还指出，文化自觉的过程就是以文化思想为指导建设和繁荣文化的过程，需要基于一定的文化思想，并在其引导下实现。十七届六中全会强调应培养高度的文化自觉和文化自信。其中“文化自觉”的主要内容包括：一是深刻认识中国特色社会主义先进文化在历史进步中的地位和作用，二是正确把握文化发展规律，三是主动担当发展文化的新使命。文化自觉三个方面内容的实现都必须在马克思主义文化观的指引下，形成民族、科学、大众的社会主义文化思想，促进中国特色社会主义文化的大发展、大繁荣。

其次，思想先导能增强文化自信。一个民族的文化自信关键在于以何种态度对待本民族文化，是对本民族文化价值的充分肯定和对文化生命力的坚定信念。民族自信建立在物质富裕和文化强大的基

① 费孝通：《重建社会学与人类学的回顾和体会》，内蒙古人民出版社，2009。

础上。文化自信的关键在于核心价值的自信，而价值自信以价值自省和价值自觉为前提。张岱年认为，价值观是文化的核心和道德的理论基础。克罗伯也强调，传统观念尤其是价值系统构成文化的核心。从这些论述我们可以知道，文化自信不是盲目的、非理性的，而是建立在对文化的理性认识基础上。

现阶段，坚持文化自信必须做到“两个结合”，就是把马克思主义基本原理同中国具体实际相结合、同中华优势传统文化相结合。增强文化自信，需要从历史中汲取前进的智慧和力量。中华民族传统文化中的人本思想、天人合一、开拓进取等价值观，都是对自然界、人类社会和人自身的深刻反思后形成的理性认识。价值自信也体现在对待其他民族文化价值的态度上。当前，我国的文化发展面临民族传统文化与外来文化不断交流、交融和交锋的关键时期。只有以世界眼光、开阔胸怀吸收其优秀价值观念，海纳百川，兼收并蓄，才是文化自信的科学态度。价值自信还体现在文化价值的创造超越上。积极构建社会主义核心价值体系，实现文化大发展、大繁荣就是文化自信的重要体现。

最后，思想先导能通向文化自强。文化自强涉及以什么样的思路发展文化的重要课题。当前，我国提出要建设中国特色社会主义文化强国的目标，自力更生，通过文化建设的自身力量，走出一条具有中国气派的文化建设之路。只有充分认识文化建设和发展的规律，才能指导文化大发展、大繁荣，真正通向文化自强之路。文化自强必然要求建立在对文化发展的基本规律的认识和把握的基础上，充分发挥思想在文化事业和文化产业发展中的先导作用。文化自强是一个长期积累的演进过程。只有立足文化发展的现有基础，深入挖掘已有的文化资源，合理布局文化发展版图，有步骤、有计划地实施文化建设纲领，才能实现文化的持续发展。任何违背文化发展自身规律的做法，都不利于文化的长远发展。文化自强也是一个引导培育的自觉过程，是按照处于主导地位的生产方式要求进行文化创造和精神生产的过程。社会主义核心价值体系是社会主义文化自强之魂。实现社会主义文化自强，应把社会主义核心价值体系的内容有机结合。第一，必须坚持用马克思主义中国化最新成果武装全党、教育人民，引导广大干部群众深刻领会党的理论创新成果，自觉把马克思主义作为当前我国文化建设的指导思想。第二，必须以中国特色社会主义共同理想团结和凝聚广大人民群众投身文化建设事业，发挥人民群众在文化发展中的主力军作用。第三，必须弘扬以爱国主义为核心的民族精神和以改革创新为核心的时代精神，激发人民享受和创造文化的良好精神状态。第四，必须坚持用社会主义荣辱观引领社会风尚，为社会主义文化自强提供道德支撑。文化自强还是一个不断解决矛盾的过程，只有以辩证唯物主义矛盾论为指导，才能在打破一个个文化瓶颈的基础上实现文化的永续发展。

第五章　思想先导实现的过程和规律

恩格斯曾指出："世界不是既成事物的集合体，而是过程的集合体"①。马克思主义唯物辩证法认为，事物是永恒发展的，一切事物都处在不断形成、发展和灭亡的过程中，自然界、人类社会和思维领域中的一切现象都是作为一个过程而向前发展的。这一思想为人类认识世界和改造世界提供了一个重要的方法论原则，具有很强的理论和实践指导意义。人们认识世界和改造世界也是一个永无止境的过程，实现思想对行动的先导也不是一蹴而就的，而是一个不断循环往复、持续发展的过程集合体。只有分析具体的思想先导过程，把握思想先导内在的基本环节，揭示思想先导实现过程中的规律性特点，才能深刻把握思想先导的实现过程，充分发挥思想先导的积极作用，在思想的引领下促进个人的发展和社会的进步。

一、思想先导实现的过程

思想先导的实质就是要以正确思想指导实践活动进而推动人类社会的发展，这就提出了内在的要求：形成正确的思想观念和理论体系，武装实践主体并内化为人的精神武器，切实地指导人们的实践活动，在实践中丰富和深化思想理论。思想先导的实现是一个动态的发展过程，为了更好地研究这一动态过程，就必须深入思想先导过程的内部，静止地考察过程的每一环节。一般来说，思想先导的单一过程

① 中共中央马克思恩格斯列宁斯大林著作编译局编《马克思恩格斯选集》第四卷，人民出版社，1995。

可以静止地划分为形成正确思想、武装实践主体、指导实践活动、深化思想理论四个环节。深入而具体地研究每个环节的中心任务和基本要求，有助于最大程度地发挥思想先导的积极功能。

（一）形成正确思想

思想是揭示主体与客体在实践过程中发生的相互联系、相互作用的关系，是人们在实践的基础上对自然界、人类社会和自身思维的能动的反映。思想本身是一个中性概念，但由于客观条件和主观思维的影响，主体反映客体的思想却呈现出各种差别，有反映程度不同而导致深度各异的思想，有从不同角度反映而导致内容有别的思想，有是否反映历史发展趋势而形成的或先进或落后的思想。但是，思想结构系统中的基础在于正确思想与错误思想之分。“一切根据和符合于客观事实的思想是正确的思想”[①]，由此可见，思想正确的关键在于主观要同客观相一致，即人的思想要与实际相吻合。否则，不根据和不符合于客观事实的思想，就是空想和假道理。毛泽东说，人们在工作中要想取得胜利和达到预想的结果，“一定要使自己的思想合于客观外界的规律性”[②]，他告诫人们，如果思想与客观外界的规律不相符合，就会在实践中失败。也就是说，根据客观事物的本来面貌予以反映并遵循人们思维规律而形成的思想就能形成正确思想，凭主观臆断歪曲反映客观事物或者违背思维规律而形成的思想只能形成错误思想。由于人的思想存在正确与错误之分，受思想支配和指导的行动也就有成功和失败之别。在思想与实际相一致的前提下，人的行动才能保证其正确性和有效性。“一切根据于正确思想的做或行动是正确的行动”，“而代表先进阶级的正确思想，一旦被群众掌握，就会变成改造社会、改造世界的物质力量”[③]。相反，空想和假道理“如

① 毛泽东：《毛泽东选集》第二卷，人民出版社，1991。

② 毛泽东：《毛泽东选集》第一卷，人民出版社，1991。

③ 毛泽东：《毛泽东著作选读》下册，人民出版社，1986。

果照了做去，就要失败”[①] “理论正确，指导正确，革命就能胜利，否则不能胜利”[②]。习近平总书记2022年1月11日在省部级主要领导干部学习贯彻党的十九届六中全会精神专题研讨班开班式上发表重要讲话时指出：“一个民族要走在时代前列，就一刻不能没有理论思维，一刻不能没有正确思想指引。”[③] 正确思想指导人们制定科学的计划和方案，指引其行动获得理想的成功；错误思想必将导致错误的行动，使人们的行动误入歧途。习近平总书记在庆祝中国共产党成立100周年大会上的讲话中指出，“中国共产党为什么能，中国特色社会主义为什么好，归根到底是因为马克思主义行”[④]。思想先导研究旨在帮助人们以正确思想为指导，确保行动的正确性和有效性，即实现思想先导的积极功能。

辩证唯物主义关于社会存在决定社会意识的基本原理，从一般意义上揭示了人们思想的物质来源，即思想的唯一来源只能是社会实践。从人类认识发展的历史来看，认识不能凭空产生，只能来源于客观的对象性活动即实践。人的正确思想来源更是如此，只能在实践中形成。毛泽东在《人的正确思想是从哪里来的?》一文中明确指出了正确思想形成的来源。他认为，人的正确思想不是从天上掉下来的，也不是自己头脑里固有的，而只能从社会实践中来，社会的生产斗争、阶级斗争和科学实验是正确思想形成的必经途径。毛泽东对“人的正确思想只能在实践中形成”的论述遵循了马克思主义认识论中实践第一的认识论路线，符合认识论中的唯物主义原理。同时，他还以马克思主义为例，深刻揭示了正确理论形成的基本前提，即马克思主义理论的产生，除了马克思、恩格斯等创立者的个人天赋条件外，主要是他们亲自参加了资本主义社会的阶级斗争和科学实验的

① 毛泽东：《毛泽东选集》合订本，人民出版社，1986。
② 刘少奇：《刘少奇选集》（下卷），人民出版社，1981。
③ 习近平：《习近平谈治国理政》第四卷，外文出版社，2022。
④ 习近平：《习近平谈治国理政》第四卷，外文出版社，2022。

实践，并认为没有资本主义社会的阶级斗争和科学实验的实践这一条件，马克思主义理论是无法形成的。实践第一是马克思主义认识论的基本观点，它强调人的认识只能来源于实践，不承认人的认识根源于实践的观点就不是辩证唯物主义认识论者。作为当代中国马克思主义、21 世纪马克思主义，习近平新时代中国特色社会主义思想同样来源于实践。一方面，源自党的十八大以来的伟大实践和所取得的辉煌成就。党的十八大以来，以习近平同志为核心的党中央，提出实现中华民族伟大复兴的中国梦，以中国式现代化全面推进中华民族伟大复兴，统筹推进“五位一体”总体布局、协调推进“四个全面”战略布局，推动中国迈上全面建设社会主义现代化国家新征程。另一方面，源自习近平总书记极不平凡的个人经历和丰富的从政经验。

思想是主体对客体的能动的反映，这种反映只有通过实践这个中间环节才能实现。实践的过程就是实践主体与外部世界之间相互作用、交换信息的过程，人的实践活动在正确思想形成中起了决定性的作用。没有主体改造客观世界的具体实践，主体对客体的反映就无法实现，正确思想的形成也就没有现实基础。人为了需要、为了生存和发展自己，总要积极地认识世界和改造世界，通过自己的实践活动来满足自己的各种需要。人在同外部世界接触中，外界事物的各种现象作用于感官系统，反映到头脑中，经过表象、知觉形成感性认识。在形成感性认识的基础上，人们把丰富的感性材料进行综合、整理，形成概念，进行判断和推理，揭示客观事物的内在特点，获得关于事物本质的理性认识，这时才形成思想。毛泽东认为，感性认识的材料丰富和积累之后就会产生一个飞跃，变成理性认识，即思想。因此，实践是形成正确思想的基础。毛泽东把实践分为生产斗争、阶级斗争和科学实验三种基本形式。要形成物质生产的正确思想，就必须参与伟大的生产斗争，投入到变革自然界的实践中；要获得革命的正确理论，就必须投身到火热的阶级斗争中；要得到正确的实验数据，就必须不止一次地从事科学实验。社会实践是人的正确思想形成和发展的基础，外部的教育和书本知识也只有通过人们参与社会实践，才能为人们所理解、消化和吸收，从而内化为人们的思想观念。因此，毛泽东多次强调要学习“无字之书”，强调参加社会实践。“时代是思想之母，实践是理论之源”。40 多年前，“实践是检验真理的唯一标准”成为中国共识，形成了改革开放的思想基础。进入新时代，作为马克思主义中国化最新成果的习近平新时代中国特色社会主义思想，是对实践的认识深化和方法总结，反过来又指导新时代中国的一系列改革创新，同时，又不断在解决现实问题中得到丰富、完善。

科学共产主义是马克思主义者在变革资本主义社会的革命实践中形成和发展的，离开无产阶级的革命实践就没有科学共产主义的理论来源。列宁在《法国社会党人的正直呼声》一文中指出了革命实践对革命理论产生的决定性作用，没有革命的理论，就不可能有革命的运动①，但革命理论必须是从世界各国的革命经验和革命思想的总和中产生出来的，并非个人臆造所得。马克思作为伟大的思想家，他遵循着辩证唯物主义认识论的基本原理，一生践行着“人的正确思想只能从社会实践中来”的基本观点。早年除了报刊编阅工作外，马克思把更多的时间和精力都投入到资本主义社会的无产阶级革命斗争中，参加和组织了多次工人阶级斗争，在革命的实践中总结出“资本主义必然灭亡，共产主义必然胜利”的伟大思想。马克思主义中国化的重要代表毛泽东也遵循了“人的正确思想只能从社会实践中来”的认识路线，投身中国革命和建设的伟大实践，在新民主主义革命中形成了毛泽东思想，成为中国革命和建设的唯一正确指导思想。其中，新民主主义革命理论是在反帝反封建的长期斗争中，以毛泽东为首的中国共产党人在以马克思主义分析和解决中国革命问题这一实践中得出的正确思想。早年，毛泽东深入中国社会的底层，对农民进行了深入的调查和分析，创办农民运动讲习所，在与农民同

① 中共中央马克思恩格斯列宁斯大林编译局编《列宁专题文集：论马克思主义》，人民出版社，2009。

吃同住同耕作的实践中深入分析农民的阶级利益和斗争立场，研究各阶层对革命对象的敌对态度和斗争决心，从而根据革命时段任务的需要制定出科学有效的土地改革政策，充分调动了农民中各阶层的革命斗志和斗争积极性。在长达十四年的抗日战争中，毛泽东在对日作战的实践中全面客观地分析中日战争的有利条件和不利条件，提出了“抗日战争是持久战”的战略思想，指引了中国人民在敌强我弱的战争形势中取得了对日战争的胜利。党的十八大以来，中国特色社会主义进入新时代。世情、国情、党情持续发生深刻变化，党面临形势环境的复杂性和严峻性、肩负任务的繁重性和艰巨性世所罕见、史所罕见。以习近平同志为主要代表的中国共产党人，统筹把握中华民族伟大复兴战略全局和世界百年未有之大变局，深刻总结并充分运用党成立以来的历史经验，从新的实际出发，创立了习近平新时代中国特色社会主义思想。在习近平新时代中国特色社会主义思想科学指引下，中国共产党带领中国人民取得脱贫攻坚战全面胜利，实现了党的第一个百年奋斗目标；书写了经济快速发展和社会长期稳定两大奇迹，人民对美好生活的向往不断变为现实……中华民族迎来了从站起来、富起来到强起来的伟大飞跃。

社会存在决定社会意识是马克思主义认识论中对于认识来源于实践的科学理论，这是从人类认识发展史的一般角度来讲的。从人类认识的总过程来说，实践是正确思想形成的决定性条件。同时，针对具体的个人，其正确思想的形成除了要遵循实践第一的基本原则外，还需要借助他人的实践经验。人的时间和精力是有限的，不可能做到事必躬亲。也就是说，就单个人来讲，正确思想的形成不能离开良好的思想理论教育。人类认识历史是不间断的持续发展史，前人在生产生活基础上形成的直接经验，可以作为后人正确思想形成的间接经验。就像人类不能忘记自己的历史一样，人类一刻也不能不利用前人认识发展史上的优秀成果。只有广泛地吸取人类思想史上的精华，丰富自己的头脑，才能成为一个视野开阔、思想丰富的人。如习近平文化思想，既继承和发展了马克思主义文化理论，也充分汲取了中华优秀传统文化精华；既是中国共产党文化建设理论成果的创新发展，也借鉴吸收了人类创造的一切优秀文化成果。列宁在《青年团的任务》中告诫广大青年："只有用人类创造的全部知识财富来丰富自己的头脑，才能成为共产主义者。"因此，在承认直接经验认识来源于实践这一基本原理的前提下，人们形成正确思想时除了参加必要的实践活动外，还可以在人类知识的海洋中广泛地汲取科学的思想成果，把古今中外人类思想史上的优秀成果作为自己的学习资料，通过理论学习内化为自己的正确思想。但是，每一种思想理论都是在既定历史条件下产生的，是一般原理和具体结论的统一。因此，在进行各种理论学习时必须具有批判的思维方式、怀疑的学习精神，善于从各种理论中找出其基本观点和立场，结合现实加以运用。从正确思想的结构来看，它是由各种积极的思想要素构成的观念整体，它包含各种正确的思想观点，正确的思维方式，崇高的理想和信仰，良好的道德观念和情操，以及正确的政治态度，等等。这就是思想政治教育的内容，旨在帮助个体在接受社会实践教育的同时进行正确理论的学习，形成正确的思想。

思想是客观存在在人脑中的反映，客观环境又不同程度地制约着思想的形成和发展。马克思曾指出，人们的观念思维和精神交往最终是人们物质关系的产物。从一般意义上说，思想是具体社会关系的产物。人的思想形成首先受到社会大环境的影响。人们不能自由地选择构成全部社会历史基础的现成的生产力，以及由这种生产力所决定的现有的生产关系和上层建筑。人们的一切活动都只能从全部现存的条件出发。人们创造社会历史，只能在具体的一定条件下创造，并且这些条件不能完全由他们自己选定。人的思想认识要不断发展和创新，但人们只能在自己时代的条件下进行认识，并且条件达到什么程度，人们才能认识到什么程度。毛泽东也分析了人们对于社会历史的片面了解产生的原因，一方面是由于各种剥削阶级以自身偏见经常歪曲社会的历史，另一方面是由于生产规模的狭小限制了人们的眼界。每个时代都有自己时代的特征和局限，恩格斯一再强调，要历史地理解和运用马克思主义理论，不能把马克思和自己在某一特定条件下作出的结论普遍地加以应用，否则就会歪曲马克思主义理论中的一些内容。时代条件是思想形成的大环境，个人要形成正确思想就必须在客观的时代背景中，以科学的世界观作指导，理性地透析时代的主题，全面地把握时代的各种特点，形成关于时代的正确认识。同时，良好的小环境有助于形成正确的思想，“近朱者赤，近墨者黑”，家庭环境、教育环境、工作环境等也对个人思想形成产生一定的影响。思想政治教育学专家郑永廷教授在《论思想政治教育学科特点与研究前沿》一文中指出，人们的正确思想形成不是过去社会的简单因素所导致的，而是现代社会复杂因素综合作用的结果。因此，必须营造良好的社会环境，才能确保个人正确思想的形成。

人的思想形成还必然受主观思维能力的限制。人的思维具有至上性，这就决定了人的思维能力在一定历史条件下具有相对稳定性，对客观规律的把握有一定限度。由于受到客观条件和主观努力的影响，人的认识需要在实践的过程中不断地向前发展。人的理论思维能力也是影响正确思想形成的重要因素，正确的理论思维能使人们增强认识世界的能力，错误的理论思维将阻碍人们认识和接受真理。恩格斯指出，辩证法和理论思维对把握事物之间的内在联系非常重要，没有理论思维将无法使自然界中的两件事联系起来，更不能洞察两件事之间的既有联系，因此不能蔑视辩证法，更不能轻视一切理论思维。思想即理性认识是在感性认识的基础上，经过理性思考后形成的概念、判断和推理，是在事物表象基础上对事物内在特点的反映，具有一系列的抽象过程。因为客观事物的本质隐藏在现象之中，只有进行科学的抽象，才能把握事物的本质，从感性认识上升到理性认识。科学抽象要求必须详细地占有材料，分析各种材料的不同发展形态，并探寻出这些材料的各种形态的内部联系，适当地描述各种事物中的实际运动。对事物本质的认识，必须从客观存在的具体事物出发，经过科学的理性认识活动，才能透过纷繁复杂的各种表象，实现在人的思维活动中形成多种规定的统一。列宁曾经揭示过《资本论》中使用的概括思维活动，即把堆积如山的实际材料总结为几点概括的、彼此紧密联系的思想。人进行抽象思维活动，本身并不等于科学思维，只有遵循思维的基本规律才能得出符合客观实际的理性认识。

（二）武装实践主体

马克思在《关于费尔巴哈的提纲》中把实践理解为“感性的对象性的活动”，既批判了旧唯物主义者对实践主体能动性的忽视，也批判了唯心主义者对实践主体能动性的抽象发展，既明确了实践的主体，又给实践主体合理的限制，即“现实的人”。马克思、恩格斯在著述中将“现实的人”表述为：“这是一些现实的个人，是他们的活动和他们的物质生活条件，包括他们得到的现成的和由他们自己的活动所创造出来的物质生活条件。”① 由此可见，马克思主义超越了西方哲学中旧唯物主义和唯心主义的传统，在人的感性对象性活动基础上，确立了“现实的人”是实践的主体。辩证唯物主义认识论认为，人不再是旧唯物论的消极直观的主体，而是在社会历史中积极能动的主体；人不仅是认识世界的主体，而且是改造世界的主体。因此，人就是认识世界和改造世界的全部实践的主体。

理论是人们在实践中形成的系统化的理性认识，是人类实践经验的深刻总结。马克思指出，哲学应与无产阶级相结合，且应相互为用，即“哲学把无产阶级当作自己的物质武器，同样，无产阶级也把哲学当作自己的精神武器。”② 这就深刻指出了理论一定要成为实践主体的精神武器才能实现其价值，实践主体只有掌握理论武器才

① 中共中央马克思恩格斯列宁斯大林著作编译局编《马克思恩格斯选集》第一卷，人民出版社，1995。

② 中共中央马克思恩格斯列宁斯大林著作编译局编译《马克思恩格斯全集》第三卷，人民出版社，1995。

能增强实践力量。斯大林也在《论列宁主义基础》中强调指出，实际工作者不能忽视理论，否则“是和列宁主义的全部精神相矛盾的，而且对工作是有很大的危险的”。[①] 为了更好地以正确思想理论指导人们的社会实践活动，减少人们行动的自发性和盲目性，增强行动的自觉性和目的性，提高人们改造世界的自觉程度和科学水平，激发人们的积极性、主动性和创造性，必须使人们掌握正确的、先进的思想理论。因此，加强思想建设，注重理论创新是形成正确思想的必然要求。刘少奇是我党重视理论建设的领导人之一，他认为，掌握了理论才能正确地指导工作，“没有理论的人容易被‘俘虏’，被人家天花乱坠的话所迷惑”[②]。他还说：“理论正确，指导正确，革命就能胜利，否则不能胜利。”[③] 不仅如此，刘少奇还特别强调马克思主义理论武装的重要意义，他深刻指出，没有掌握马克思列宁主义的无产阶级，“可能自觉地或者不自觉地成为各种机会主义者，成为资产阶级的俘虏和应声虫”，因为他们不能“正确地认识和处理在革命斗争中所遇到的各种问题”，存在“迷失方向、背离无产阶级革命立场的危险”[④]。习近平总书记认为：“要加强马克思主义特别是新时代中国特色社会主义思想的理论武装，使各级党组织和广大党员、干部特别是领导干部掌握马克思主义理论武器，提高马克思主义理论水平和运用能力，共同把党的创新理论转化为推进新时代中国特色社会主义伟大事业的实践力量。各级党委及其组织部门要自觉用党的科学理论指导党的组织建设，结合新的实际推进改革创新，使各项工作更好体现时代性、把握规律性、富于创造性，为实现新时代党的历史使命提供坚强组织保证。”[⑤] 回顾党的百年奋斗历程，中国共产党之所以

---

① 中共中央马克思恩格斯列宁斯大林著作编译局编《斯大林选集》上卷，人民出版社，1979。

② 刘少奇：《刘少奇选集》下卷，人民出版社，1985。

③ 刘少奇：《刘少奇选集》上卷，人民出版社，1981。

④ 刘少奇：《刘少奇选集》上卷，人民出版社，1981。

⑤ 习近平：《习近平谈治国理政》第四卷，外文出版社，2022。

能够团结和带领人民，历经革命、建设和改革，克服一个又一个困难，跨过一道又一道坎，取得一个又一个胜利，创造一个又一个奇迹，引领中华民族从近代以来的深重苦难走向伟大复兴的光明前景，其中很重要的一个原因就是我们党始终重视思想建党、理论强党，坚持用不断发展着的马克思主义引领实践，自觉用马克思主义中国化时代化最新成果凝心铸魂，使全党始终保持统一的思想、坚定的意志、协调的行动、强大的战斗力。

思想意识只有掌握群众，化为群众的实践力量，才能改变存在。这就是说，思想作为人类认识世界的结果，必须武装人的头脑，才能实现改变世界的创造功能。武装实践主体是以正确的思想理论教育和武装实践主体，实践主体把正确思想理论内化为精神武器的过程。彻底的历史唯物主义立场是以正确思想武装人民群众的根本立场，只有坚持彻底的历史唯物主义立场，才能从思想认识上意识到思想武装人民群众的重要意义。马克思主义历史观认为，人民群众是历史的创造者，是实践主体的主要部分。遵循马克思主义唯物史观，必然要求在武装实践主体阶段把人民群众作为正确思想武装的主要对象。一些唯心主义理论家正是坚持唯心主义历史观，把自己的理论局限在理论的解释和论证上，脱离广大人民群众的现实生活，久而久之，其晦涩的理论终将被历史大浪淘尽。相反，马克思主义理论不是单纯地解释世界，而是在对旧世界的批判中内化为广大无产阶级的精神食粮，指导其实现变革人类社会的目的。因此，正确思想一旦形成就必须武装人民群众的头脑，变成人民群众改造主观世界和客观世界所掌握的理论武器，才能把思想先导积极功能的潜在可能性转化为现实性。毛泽东以马克思列宁主义为例，说明了思想起作用必须与客观事物相联系、必须被人民群众掌握、内化为人民群众的思想武器的道理。最好的思想如果不和客观的实际的事物相联系，如果没有客观存在的需要，如果不为人民群众所掌握，就不起作用。列宁同志也结合无产阶级革命战士思想武装的意义谈到思想武装人民群众的积极意义，“只有以先进理论为指南的党，才能实现先进战士的作用”①。

群众路线是正确思想武装人民群众的正确工作方法。在以正确思想武装人民群众时，不但要坚持彻底的历史唯物主义立场，也要在具体的工作中运用合理高效的方式方法。毛泽东在《关于领导方法的若干问题》中告诉我们，坚持群众路线的工作方法是思想武装实践主体的有效方法。他明确指出，将群众的意见通过各种民主形式集中起来，将集中后形成的民主意见在群众中作广泛地宣传和深入地解释，内化为群众的思想意识，并确保群众将意见在行动中坚持、贯彻、检验。通过民主—集中—民主—集中……的无限循环，实践中获得的思想材料更正确、更生动、更丰富。在思想武装人民群众的过程中，只有始终坚持群众路线，贯彻“从群众中来到群众中去”的优良作风，才能有效地武装人民群众。人民群众中蕴藏着无限的智慧和无尽的力量。习近平总书记始终厚植“拜人民为师、向人民学习”的执政底色，尤其是在担任总书记后，他走遍祖国大江南北。在调查研究的路上，他问得细、想得深、看得全、走得远。正因如此，在中华民族实现伟大复兴的道路上，以习近平同志为核心的党中央才能带领全体中国人民跨过一道又一道沟坎，取得一个又一个胜利。一路走来，习近平总书记当好人民的学生，做好人民的公仆，把群众所思、所盼、所悟变成党和政府所议、所为、所获。

马克思主义是科学的世界观和无产阶级理论体系，是指导无产阶级认识世界和改造世界的思想武器。它不仅对于人们认识世界和改造世界具有重大的指导作用，而且对于认识和改造人的自身主观世界也有重大的指导作用。因此，思想先导必须自觉地运用马克思主义这一科学思想武装人民群众。毛泽东曾提出：“如果我们党有一百个至二百个系统地而不是零碎地、实际地而不是空洞地学会了马克

① 中共中央马克思恩格斯列宁斯大林著作编译局编《列宁选集》第一卷，人民出版社，1972。

思列宁主义的同志，就会大大地提高我们党的战斗力量”[①]。习近平总书记认为：“理论的生命力在于创新。”[②]“马克思主义是我们立党立国、兴党兴国的根本指导思想。毫不动摇坚持、与时俱进发展马克思主义，大力推进实践基础上的理论创新，自觉用中国化时代化的马克思主义指导新的实践，是我们党把握历史主动、紧跟时代步伐、不断开创事业发展新局面的成功之道。实践永无止境，理论创新永无止境，认识真理永远不会完结。中国式现代化为党的理论创新开辟了广阔前景，提出了新的更加艰巨繁重的任务。我们要坚持把马克思主义基本原理同中国具体实际相结合、同中华优秀传统文化相结合，深入探索中国式现代化建设规律，不断回答实践遇到的崭新课题，以理论创新引领实践创新。”[③] 党的十八大以来，以习近平同志为主要代表的中国共产党人，坚持把马克思主义基本原理同中国具体实际相结合、同中华优秀传统文化相结合，深刻总结并充分运用党成立以来的历史经验，从新的实际出发，创立了习近平新时代中国特色社会主义思想，实现了马克思主义中国化新的飞跃。因此，在社会主义中国，武装实践主体的实质就是用通俗易懂的方式向人民群众传播社会主义的科学理论，把马克思主义理论变为人民群众的强大理论武器，实现党的二十大中关于马克思主义中国化时代化的战略任务。

中国共产党的思想政治工作的优良传统在于自觉以马克思主义武装人民群众。十月革命以后，我国的早期马克思主义者如陈独秀、李大钊等人创办了《新青年》和《每周评论》，成为宣传马克思列宁主义、反帝反封建思想的阵地，吹响了五四爱国运动的思想号角。毛泽东在《湘江评论》创刊宣言中指出，民众联合的力量最强，以宣传最新思潮——马克思主义为主旨的刊物，通过以歌颂十月革命、宣传马克思主义为内容向中国的先进人士宣传马克思主义。在抗日战

① 毛泽东：《毛泽东选集》第二卷，人民出版社，1991。
② 习近平：《习近平著作选读》第二卷，人民出版社，2023。
③ 习近平：《在纪念毛泽东同志诞辰130周年座谈会上的讲话》，人民出版社，2023。

争时期，中国共产党创办培养军事和政治干部的中国人民抗日军事政治大学等学校，举办农民和工人的运动讲习所，开设政治夜校，在广大工人和农民尤其是进步青年中传播马克思列宁主义。同时，一批无产阶级理论工作者在马克思主义大众化方面也作出了巨大努力。如20世纪30年代，艾思奇为宣传马克思主义哲学，撰写了内容通俗易懂的《大众哲学》，以简洁、通俗、晓畅的语言和浅显生动的事例，系统地介绍和阐明了唯物辩证法的基本规律及唯物辩证法的主要范畴等，在为广大人民普及马克思主义理论，推动人民群众的社会实践方面发挥了重要的作用。当前，为了更好地发挥马克思主义理论在我国社会主义现代化建设伟大事业中的先导作用，切实地以马克思主义武装人民群众，党的二十大报告明确要求，必须开展习近平新时代中国特色社会主义思想宣传普及活动，推动当代中国马克思主义的理论武装。要实现这一目标，增强中国特色社会主义理论体系的吸引力是重点，必须使用简洁明了的语言深入浅出地解读当代中国的实际，以马克思主义的基本原则和根本观点分析当前各种社会思潮，使马克思主义在改革开放的伟大实践中形成的创新理论成果深入人心，切实加强社会主义意识形态凝聚人心的强大作用。

思想先导功能实现的程度，取决于人民群众掌握思想的广泛性和深刻性，这就需要积极调动实践主体接受思想武装时的积极性、自愿性和求知欲。列宁说过："不愿意明白的人是不可能明白的。"① 思想内容的现实性和宣传方式的亲近化是调动广大人民群众自觉接受某一思想的基本要求。

思想内容的现实性，是实现正确思想武装实践主体的核心要求。马克思在《〈黑格尔法哲学批判〉导言》中指出，只有思想力求现实是不够的，必须做到现实本身力求趋向思想。第一，思想内容的现实性体现在思想的内容具有现实的利益指向。人民群众不会无缘无故

① 中共中央马克思恩格斯列宁斯大林编译局编译《列宁全集》第四十六卷，人民出版社，1990。

地接受某一思想。要使群众认识自己的利益，并且团结起来为自己的利益而奋斗，这是马克思主义的基本原则和党性立场，也是马克思主义赢得广大无产阶级的根本原因。邓小平在总结我国社会主义建设的历史经验时指出，人民看好社会主义和改革开放，关键在于社会主义拥有资本主义不具备的比较优势，能够更好地实现人民的根本利益。因此，思想武装实践主体必须关注思想的利益指向是否符合人民群众的利益取向和满足大众的现实需求，任何空洞的思想理论，任何形式主义的说教都无济于事。思想内容的现实性还体现在能否为人民群众的现实生活服务，思想应反映人民群众所关心的问题，应解决人民群众生产生活中的具体困难。只有贴近生活、反映实际的正确思想才能被最广大的人民群众接受。第二，思想内容的现实性还体现在思想应反映现时代的特点。任何只停留在历史发展某一阶段上的理论都将被人们拒绝，只有与时俱进、不断发展的理论才能更好地指导实践主体。在我国的马克思主义发展史上，真正的马克思主义者从来没有固守马克思主义创始人的具体观点和个别结论，而是根据历史的中心任务和具体的基本国情，不断丰富和发展马克思主义，从而形成具有时代气息的马克思主义，以此武装人民群众。毛泽东思想形成后，中国共产党就注重坚持用最新的马克思主义中国化的成果武装全党。刘少奇是党内较早提倡以毛泽东思想武装全党的领导人，他指出，在国内革命战争中，毛泽东思想为中国共产党和中国人民在理论上作了充分准备，能极大地增强党和人民的战斗信心和力量，能极大地加速中国革命胜利的进程。因此，刘少奇倡导动员全党学习和宣传毛泽东思想，用毛泽东思想武装党员和人民，使之成为人民群众实际的不可抗御的力量。

运用亲近化的宣传方式是我党思想政治工作实践的宝贵经验，也是实现思想武装人民群众的成功经验。思想宣传的方式只有符合人民群众的语言习惯，符合人民群众的思维方式，贴近人民群众的接受心理，才能达到预想的效果。这就要在对人民群众开展思想武装工作时，在语言上要构建大众话语体系，把学术语言转化为日常性的大众语言，用群众熟悉的语言，把深刻的道理用浅显生动的语言予以表达，让思想理论真正为广大群众所掌握和运用。同时，在宣传形式上，立足日常生活，创新大众化传播方式，激发大众的兴趣。党的十七大提出“推动当代中国马克思主义大众化”的战略任务后，有学者指出，应使马克思主义理论变得生动、具体，以通俗易懂代替深奥思辨，使得马克思主义被广大人民群众所理解和掌握，转化为人民大众的思想观念和价值观念，内化为人民大众日常的思维方式和行为模式。

武装实践主体的最佳效果就是注重正确思想的自我武装。正如张官禄在《思想政治教育视野下自我教育机制的建构》中指出：“思想政治教育最佳效果的实现是建立在受教育者自觉将教育内容内化为自己的内心道德准则和理想信念，并自觉将形成的准则和信念外化为自己的行为。”① 在武装实践主体时也必须充分尊重人的主体性地位，多一些平等交流和自由讨论，少一些坐而论道和无端说教，充分相信人民群众的智慧和潜能，调动实践主体的自觉能动性，实现人民群众的自我教育。

肯定人民群众是历史的主要创造者，这是马克思主义人民史观的重要观点。同时，马克思主义也辩证地分析了个人在历史上的作用，认为历史上个别突出人物能加速或延缓历史的进程。因此，马克思主义思想理论教育史上，除了强调对人民群众的思想武装，也注重领导干部特别是党的高级领导干部在思想武装工作中的先锋模范作用，发挥领导干部的“领头羊”效应。马克思主义干部教育理论认为，只有以马克思主义武装起来的领导干部才能具有坚定的共产主义信念，带领广大党员和群众为最广大人民的根本利益而奋斗。早在革命战争年代，毛泽东就深刻地指出，领导干部的马克思主义理论修

① 张官禄：《思想政治教育视野下自我教育机制的构建》，《思想政治教育研究》2010 年第 26 卷第 3 期。

养直接影响到全党的战斗力，他在《中国共产党在民族战争中的地位》一文中提出，党内如果有一百到二百个掌握马克思列宁主义的同志，并且是系统而不是零碎地掌握，实际地而不是空洞地掌握，就能大幅度提高党的战斗力量。因此，为了提高战斗力，我们党非常重视领导干部尤其是高级干部的马克思主义思想武装。党的八大报告中也强调，加强干部特别是高级干部的系统的马克思列宁主义的学习，使领导干部善于用马克思主义的理论武器观察和解决实际生活中的问题，善于把握事物发展的规律，切实提高领导干部在复杂情况下判断方向、辨别是非的能力。刘少奇也是党内一直强调领导干部马克思主义思想武装的领导人，他认为必须想办法使各方面比较负责的干部具有或多少具有马列主义的理论修养。刘少奇还认为，除了重点抓好领导干部的马克思主义学习外，还要培养和造就一批马克思主义理论宣传骨干，设想把党校和干校作为马克思主义理论学习中的主阵地，并大力发挥党校、干校和马列学院的积极作用，以此提高全党的理论水平。党的十八大以来，我们党开展了党的群众路线教育实践活动、“三严三实”专题教育、“两学一做”学习教育、“不忘初心、牢记使命”主题教育、党史学习教育等党内集中学习教育，频度之密、力度之大、成效之显著，放眼百年党史都不多见。之所以开展一系列集中学习教育，一个重要目的就是教育引导全党牢记中国共产党是什么、要干什么这个根本问题，始终保持党同人民的血肉联系。

（三）指导实践活动

马克思主义者把思想理论的使命归结为指导实践活动，认为对实践的唯物主义者即共产主义者的“全部问题都在于使现存世界革命化，实际地反对并改变现存的事物”[①]。马克思主义实践观的基本要求在于“实际地反对并改变现存的事物”。马克思虽没有直接对

① 中共中央马克思恩格斯列宁斯大林著作编译局编《马克思恩格斯选集》第一卷，人民出版社，1995。

“实践”下一个明确完整的定义，但在《关于费尔巴哈的提纲》一文中指出实践就是“感性的人的活动”[①]，并且鲜明地指出了马克思主义哲学与以往哲学的根本区别：“哲学家们只是用不同的方式解释世界，而问题在于改变世界。”[②] 强调在“改变世界”的具体实践活动中才能实现马克思主义哲学的根本目的。

马克思主义认为，理论的最高价值在于指导实践活动。毛泽东在《实践论》中指出，规律性的认识“必须把它再回到改造世界的实践中去，再用到生产的实践、革命的阶级斗争和民族斗争的实践以及科学实验的实践中去”[③]，强调了理论联系实际的观点，认为思想不能只停留在认识世界的阶段，必须运用于丰富的实践活动。毛泽东在《整顿党的作风》一文中指出，学马克思列宁主义的目的“不是为着好看，也不是因为它有什么神秘，只是因为它是领导无产阶级革命事业走向胜利的科学”[④]。他深刻指出精通马克思主义理论的意义——“精通的目的全在于应用”[⑤]，强调马克思主义理论的价值关键在于对实践活动的指导，反对把理论“空谈一阵，束之高阁，并不实行”[⑥]。中国早期马克思主义者李大钊较早地认识到马克思主义要与工农群众运动相结合的道理，提出知识分子应与“劳工阶级打成一片”的口号，倡导以“街市上的群众运动”代替“纸面上的笔墨运动”。理论联系实际是马克思主义者的工作作风。马克思说，知行不是一回事，不能把“口头上承认这个思想”同“实际上把这个思想分别运用于每一个研究领域”等同起来。[⑦] 实践观点是马克思主义哲学的核

① 中共中央马克思恩格斯列宁斯大林著作编译局编《马克思恩格斯选集》第一卷，人民出版社，1995。

② 中共中央马克思恩格斯列宁斯大林著作编译局编《马克思恩格斯选集》第一卷，人民出版社，1995。

③ 毛泽东：《毛泽东选集》第一卷，人民出版社，1991。

④ 毛泽东：《毛泽东选集》第三卷，人民出版社，1991。

⑤ 毛泽东：《毛泽东选集》第三卷，人民出版社，1991。

⑥ 毛泽东：《毛泽东选集》第一卷，人民出版社，1991。

⑦ 中共中央马克思恩格斯列宁斯大林著作编译局编《马克思恩格斯选集》第四卷，人民出版社，1995。

心观点。实践决定认识，是认识的源泉和动力，也是认识的目的和归宿。习近平总书记高度重视坚持和发展马克思主义实践观，着眼于实现中华民族伟大复兴，围绕着把我国建设成为社会主义现代化强国这一主题展开。进入新时代以来，党中央关于全面深化改革、全面依法治国等重大决策和“十三五”规划、“十四五”规划以及京津冀协同发展、长江经济带、粤港澳大湾区、长三角一体化、黄河流域生态保护和高质量发展等重大战略，都是在习近平总书记亲自深入的调查研究中形成的。

在思想先导的过程中，实践主体接受一定的正确思想理论后，必须将其运用于各种实践活动，而不是束之高阁，才能发挥正确思想的实践指导价值。思想指导实践是认知和实践结合的中介桥梁，没有思想对实践活动的指导，就会出现知行脱节的现象。具体来说，正确思想对实践活动的指导体现在指导实践主体设定合理的实践目标，创造必要的实践条件和调整相应的实践计划。

“凡事预则立，不预则废。”古人强调对事物的预见性，只有科学预知事物的发展，才能获得实践的成功。为了成功实现实践目标，实践主体必须在正确思想的指导下设置合理的实践目标。实践目标是实践主体试图完成某一实践活动的目的，是激发实践主体的最直接的动机。在具体的实践活动中设置合理的实践目标会使实践主体产生达到该目标的愿望和动机，因而对人具有强烈的激励作用。同时，合理的实践目标能使实践主体的行为朝着一定的方向努力，并在实践进程中对比自己的行为结果与既定的目标，及时调整和修正实践目标，从而达到实践目标。在实践目标设定时，实践主体在正确思想的指导下将全面、客观、理性地分析实践活动完成的前期基础、有利条件和干扰因素，制定合理的实践目标。正确思想也能指导实践主体对实践活动设置明确而有一定挑战性的目标，让实践主体明白实践的方向和需付出的努力程度，提高实践的自我控制能力，减少实践的盲目性，并且最大限度地激发实践主体的潜在能力，获得最佳的实践效果。正确思想还能指导实践主体制定具体的实践计划，实践主体在长期计划、中期计划和短期计划的有机统一中明确实践的进程和每个阶段完成的实践任务。

实践是客观条件和主观努力的有机结合。实践主体为了达到实践的目的，必须创造各种必要的条件，确保实践活动顺利完成，包括充分利用有利条件和转化各种不利条件。客观存在的有利条件能为实践活动的顺利进行提供前提，但它不能自觉进入实践主体的视野，更不能主动为实践活动服务，需要实践主体在正确思想的指导下积极地收集和整合有利资源，最大限度地发挥它的作用。同时，实践活动也必然面对不利的环境和条件，这就需要实践主体在正确思想的指引下实现“变废为宝”“化干戈为玉帛”，善于把不利因素转化为有利条件。“计划赶不上变化”，任何事物的发展都是必然性和偶然性的统一。同样，实践活动即使在预定的目标指引下，也可能因为时空的变化，存在一定的未知性和不确定性。因此，实践主体应在正确思想的指引下随时根据实践要素、资源和条件调整实践计划。

（四）深化思想理论

正确思想形成的过程就是实践与认识的矛盾运动过程，也是人们以实践为中介认识世界与改造世界的过程。要不断地由相对真理接近绝对真理，就需要从实践到认识，到再实践到再认识的循环往复以至无穷形式，这就是辩证唯物论的知行统一观。人的思想来源于实践，并随着实践的发展而不断完善和丰富，实践—思想—实践的循环往复的过程就是思想不断接近绝对真理的过程。在心理学中，思想是心理活动的高级反映形式，思想形成是一个从低级向高级发展的心理活动过程；在哲学中，思想是客观存在在人脑中的反映，思想形成是主观符合客观的矛盾运动过程；在思想政治教育学中，思想是世界观、道德观和政治观等各种观念的统一，在思想品德教育引导和受教育者在实践中自我认识和自觉改造的过程。一般地说，某一具体思想的产生和转化过程大体上是沿着这样的路线进行的：首先是大脑对客观事物或思想材料的感知过程，接着进入理解、思维的心理过程，融入自己原有的经验和知识之中，在内心形成“参照系统”，然后转入深层心理，触发深层思维、情感和意志，展开激烈的思想斗争，进行自我抉择，自我调节，最后形成和理解这种思想。人的思想形成是一个从低级向高级发展的心理运动过程，这就决定了正确思想形成更是一个长期的、反复的过程。

毛泽东认为，一个正确的认识往往需要经过由物质到精神，由精神到物质，由实践到认识，由认识到实践等的多次反复才能够完成。列宁也指出，真理是过程，人们不能完全地把握整个自然界，只能通过对客观世界的不断认识永远地接近对世界的真理性认识。可见，正确思想的形成是一种曲折性与前进性辩证统一的过程与结果，必须经历从实践到认识、由认识到实践的多次反复的过程。

正确思想形成后，不是一成不变的，它将随着时间的推移和外部环境的变化以及心理素质的改变，发生这样那样的变化。正确思想的发展变化，有两种可能趋势：一种是正确思想的巩固和提高的向上发展趋势，一种是向错误思想转化，是向下发展、走回头路的趋势。思想政治工作者的重要职责，就在于积极采取必要的措施，防止第二种趋势发生，有效地发展第一种趋势，把正确思想推向更高的水平和境界。辩证唯物主义认为，人的错误思想，也不是从来就有的，它也有自己形成的原因和过程。历史上一些进步思想家们都认为，人是环境的产物，良好的环境给人以好的思想影响，不好的环境会给人以坏的影响，愚昧无知，会使人走向堕落；感情用事，会使人偏激，形成偏见；主观主义、形而上学的思维方式，是产生错误思想的认识根源；自私自利、极端利己主义是错误思想的总根源。错误思想也是发展变化的。它可以按既定的方向发展、漫延和泛滥，危害社会。错误思想在一定条件下，通过强有力的思想政治教育工作，也可以向正确思想转化。不论是正确思想还是错误思想，它们的形成和转化，都有一个正确思想和错误思想的矛盾斗争过程。它们既是在矛盾斗争过程中形成，又是在矛盾斗争过程中实现转化。

理论指导实践的过程，也是实现理论自身的完善、丰富和深化的过程。理论不能自身证伪或证实，只有在实践中获得验证。正像列宁所说："理论由实践赋予活力，由实践来修正，由实践来检验"①。马克思认为，人的思维是否具有客观的真理性，这不是一个理论问题，而是一个实践问题。人应该在实践中证明自己的思维的真理性，即自己思维的现实性和力量。毛泽东在《整顿党的作风》中指出："真正的理论在世界上只有一种，就是从客观实际抽出来，又在客观实际中得到了证明的理论。"人的实践也是不断向前发展的，新的实践又需要新的思想理论予以解读和阐释，这就是理论创新的根本动力。理论在一个国家的实现程度，总是取决于理论满足这个国家的需要的程度。理论是否满足一个国家的需要，其实质就是理论能否指导本国实践以及在多大程度上指导本国实践。实践之前需要破除绝大多数人民群众的思想顾虑，只有在深层的理论上阐明实践的意义和目的，老百姓接受后才能自觉地行动，参与到新的实践中。我国改革开放后产生的重大理论成果都是在新的伟大实践推动下获得的，如社会主义市场经济理论就是为了破除人们固守的"社会主义与市场经济相对立"的观点，把两个不同领域的范畴有机结合，大胆创新了社会主义经济发展的理论模式，从而指导人们迈开建设社会主义市场经济实践活动的步伐。

理论是系统的理性认识，也是少数理论家精神劳动的产品。因此，丰富指导理论，需要大力汇集专家、学者等理论家的集体智慧。理论创新来源于广大人民群众的实践活动，但绝不是大众实践自发形成的产物。俄国十月革命胜利以后，我国一批具有初步共产主义意识的青年知识分子成为马克思主义理论传播的发起者。其一，他们对各种资本主义和社会主义的新思潮进行系统分析和客观比较，逐渐

① 中共中央马克思恩格斯列宁斯大林著作编译局编《列宁选集》第三卷，人民出版社，1972。

认识到“社会没有根本改造之前，不能试验新生活”的根本观点，认为必须从根本上实现社会的改造，倡导用马克思主义理论拯救中国社会，破除中国社会改良的思维方式，决心实现中国的彻底革命。其二，他们大力翻译马克思主义的理论著作，以报纸杂志为载体传播马克思主义，为我国新民主主义革命者提供了传播马克思主义需要的理论文本。同时，他们还撰写了大量著作，既有对马克思主义的基本原理与方法的详尽阐释，也有对各种非马克思主义、反马克思主义思潮的有力批判。如李大钊撰写的政论文章《物质变动与道德变动》《唯物史观在现代史学上的价值》等，极力倡导在研究和指导中国革命时必须坚持唯物史观，推动了唯物史观在中国的传播。

人们理性认识中的真理是相对的、有条件的，永远处于发展过程中。毛泽东曾经指出：“不论在变革自然或变革社会的实践中，人们原定的思想、理论、计划、方案，毫无改变地实现出来的事，是很少的。”[①] 理性认识，说到底就是对规律性的认识。人们对客观事物的认识有一个过程，在这个过程中，片面性、局限性是难免的。在深化对各种思想理论的认识中，从来没有什么绝对真理。但对真理追求过程中体现出的不懈追求和科学精神正是深化指导思想中最为宝贵的精神。也许我们永远也达不到真理本身，但是坚定地应用科学精神之一切可能的形式将使我们越来越接近真理。在我们的经验中，最有价值的部分不是我们的科学知识，而是我们为得到它所付出的持续不断地努力。仅次于自然界本身，几乎没有比人为了达到真理不顾一切地做出的持续努力这件事更为感人，这只是因为人本身的存在就要求他去这样做。这无疑是人的一部分，也许是最好的一部分，是人性中最高尚的方面。[②]

① 毛泽东：《实践论》，人民出版社，1992。

② 陈刚：《西方精神史》下卷，江苏人民出版社，2000。

二、思想先导实现的规律

唯物辩证法认为，矛盾贯穿事物发展的过程始终，事物的内部矛盾运动是推动事物发展的根本原因。“在自然界里，正是那些在历史上支配着似乎是偶然事变的辩证法运动规律，也在无数错综复杂的变化中发生作用；这些规律也同样地贯穿于人类思维的发展史中，它们逐渐被思维着的人所意识到。”① 思想先导是人们认识世界和改造世界的现实过程，实现正确思想的先导功能中也必然存在客观的、必然的、稳定的内部联系。只有从发挥思想先导的积极功能出发，深入思想先导实现的全过程，深刻揭示其固有的而不是臆造的规律，才能从根本上把握思想先导的实现过程，更多地体现思想先导过程的自觉性。

（一）主观与客观相符合的规律

简单地说，思想先导的过程可以划分为前后相继的两个阶段，即“由客观物质到主观精神的阶段，由存在到思想的阶段”② 和“由精神到物质的阶段，由思想到存在的阶段”③。前一阶段的实质就是由客观存在上升为主观意识的过程，后一阶段的实质就是主观意识指导推动社会实践的过程。在思想先导过程中，主观是指在思想形成、指导实践等具体活动中所唤起的人的意识、精神、思想等所有精神意识，都是参与思想先导过程的主要精神因素，并影响着思想先导实现的强度与效果。客观是指不以人的意志为转移而现实存在、并成为人的认识活动的一切对象的外部物质世界。由此可见，主观与客观的矛盾是思想先导过程的基本矛盾，主观与客观是否相符合决定着思想

① 中共中央马克思恩格斯列宁斯大林著作编译局编《马克思恩格斯选集》第三卷，人民出版社，1995。

② 毛泽东：《毛泽东著作选读》下册，人民出版社，1986。

③ 毛泽东：《毛泽东著作选读》下册，人民出版社，1986。

先导过程目标能否实现。辩证唯物主义认为，客观不依赖于主观独立存在，主观能动地反映客观，并对客观事物的发展起促进或阻碍作用，二者既对立又统一。主观与客观相符合就是主观客观相统一的体现，也是思想先导的本质要求，揭示了发挥思想先导功能应遵循的基本规律。

形成正确思想就是人脑对客观存在的客观反映过程，体现了主观与客观之间的矛盾运动，内在地要求主观与客观相符合。毛泽东形象地描述了思想形成的基本过程，客观外界现象通过人的眼、耳、鼻、舌、身反映到头脑中来，开始是感性认识。感性认识产生的飞跃就形成了理性认识。然而，人们在形成思想的同一过程中，有的思想是主观对客观的片面的、歪曲的、错误的反映形成的认识结果即错误思想，有的思想是主观对客观的全面的、本来的、正确的反映形成的认识结果即正确思想。要实现思想先导的积极功能，任何认识活动都必须以事实为根据，实事求是地反映认识对象，保证认识的可靠性和准确性，也就是做到主观意识正确反映客观存在。“事物和本质是怎样的，就必须怎样来思想”①，费尔巴哈认为主观应充分反映事物的本来面貌，否则这种思想活动的结果将与事物和本质失真。马克思主义者也对此明确提出，“从前的一切唯物主义（包括费尔巴哈的唯物主义）的主要缺点是：对对象、现实、感性，只是从客体或者直观的形式去理解，而不是把它们当作感性的人的活动，当做实践去理解，不是从主体方面去理解。”② 这些论述都是思想活动中主观与客观相符合规律的基本要求。

以正确思想推动实践是主观见之于客观的过程，同样体现了主观与客观之间的矛盾运动，也内在地要求主观与客观相符合。毛泽东在《论持久战》中指出：人们在指导战争时不能超越客观条件许可

① 费尔巴哈：《费尔巴哈哲学著作选集》上卷，生活·读书·新知三联书店，1959。

② 中共中央马克思恩格斯列宁斯大林著作编译局编译《马克思恩格斯文集》第一卷，人民出版社，2009。

的限度，必须在客观条件的限度之内，能动地争取战争的胜利，论述战争这一实践活动的基本要求，强调战争指挥员不能随心所欲地发挥主观意识，必须将主观努力与客观条件相符合，才能争取战争的胜利。同样，人类的任何实践行动都是将主观努力运用于客观现实的过程。发挥主观努力固然重要，但其基本要求是对客观现实的全面把握，否则实践活动将难以达到预期目的。

为了实现思想对个体和社会的积极引导功能，思想先导中的每个环节都必须做到主观与客观相符合，具体表现在：思想形成阶段，认识主体应多次反复地参加各类实践，广泛地接触实践中的各类信息，科学地根据思维的基本逻辑，得到与客观事物相符合的正确认识，而不是任凭个人的主观臆断得出与客观事物不一致甚至相悖的错误认识；武装实践主体阶段，教育和宣传人员也不能任由主观意志开展工作，在对人民群众进行宣传教育时，必须结合人民群众现有的思想层次和理论水平，客观分析宣传教育的各种环境和条件，遵循宣传教育的客观规律，只有这样才能把主观的思想理论内化为人民群众的思想观念；指导实践活动阶段，人民群众应把已有的主观性的思想观念付诸实实在在的对象性活动，根据社会发展需要和自身的现有条件开展物质生产生活实践，把主观外化为客观性的实践活动；深化思想理论阶段，实践主体必须在新的实践活动中总结鲜活的经验，不断验证、丰富和发展指导实践的思想，并根据思想理论形成的规律加以系统化，形成有内在关联的理论体系。

（二）真理与价值相统一的规律

认识的任务和目的在于使人们在真理的指导下改造世界，使世界满足人的需要，实现客观事物对人的价值。真理是实践基础上主观认识与客观存在的统一，是人们对于客观事物及其规律的正确认识和正确反映。真理能够正确反映事物的本质和进步趋势，只有真理才能掌握人、说服人。价值则是实践认识活动中外部客观世界对于满足人的需要的意义关系的范畴，是具有特定属性的客体对于主体需要的意义。“价值”这个普遍的概念是从人们对待满足他们需要的外界物的关系中产生的。价值作为关系范畴，表征着客体属性（功能）对主体需要的满足关系。马克思关于价值本质的一般规定同样适应于真理，因为人们“对自然界的独立规律的理论认识本身，……其目的是使自然界……服从于人的需要”①。显而易见，真理同样具有价值意义上的满足和被满足的关系。马克思指出，人类通过实践改造客观世界，在实践活动中证明人是有意识的类存在物。人作为类存在物，其生产与动物生产是不一样的。具体表现在，蜜蜂、海狸、蚂蚁等动物通过生产为自己营造巢穴或住所，但是只生产它自己或它的幼仔所直接需要的东西，因而是片面的；动物只在直接的肉体需要的支配下生产，因而动物只生产自身；动物的产品直接同它的肉体相联系；动物只是按照它所属的那个种的尺度和需要来建造。然而，人的生产是全面的，且自由地对待自己的产品，人甚至不受肉体需要的支配也进行生产，并且只有不受这种需要的支配时才进行真正的生产；懂得按照任何一个种的尺度来进行生产，并且懂得处处都把内在的尺度运用于对象。因此，按照美的规律来构造是人类生产与动物生产的重要区别。这里“物的尺度”和“人的尺度”是主体用以认识对象世界和创造价值世界的基本标准。有学者指出，人们总是认同那些与自己的利益、情感和信仰相一致或相近似的东西，人们在对“他者”的评价问题上总不可避免地受到利益、情感和信仰的影响，也就是说，一开始人们的认同就是一个价值问题。② 由此可见，辩证唯物主义认识论视域中的价值具有最大的普遍性，贯穿于人类实践与认识的运动过程之中，实践和认识的对立统一以及认识世界与改造世界两大任务的互动构成了真理与价值逻辑地、具体地、历史地统一

① 中共中央马克思恩格斯列宁斯大林著作编译局编译《马克思恩格斯文集》第八卷，人民出版社，2009。

② 贾英健：《认同的哲学意蕴与价值认同的本质》，《山东师范大学学报（人文社会科学版）》，2006 年第 1 期。

的基础、根据和前提。真理与价值是同一认识过程的两个方面，它们之间统一的实质，就是人们在实践的基础上实现认识真理与满足需要的统一，实现真善美的统一。马克思主义既教给了中国共产党人守望初心的真理学说，又教给了中国共产党人守望初心的价值追求，更重要的是教会了中国共产党人在实践中实现真理与价值的有机统一。中国共产党人对于初心的守望，归根结底要体现在追求真理、服务人民的实践之中，通过实践使真理转化为价值，通过实践使价值转化为真理，在实践的基础上实现真理与价值的相互转化和有机统一。

人们在认识世界和改造世界的过程中遵循着真理和价值两个尺度。一方面，人们以真理的认识为基础去追求价值。毛泽东指出："共产党人必须随时准备坚持真理，因为任何真理都是符合于人民利益的；共产党人必须随时准备修正错误，因为任何错误都是不符合于人民利益的。"[①] 要实现人民的利益，必须首先正确反映客观世界的本来面貌，形成正确认识，在指导实践改造世界的过程中才能获得满足。错误的认识，就谈不上正确地指导实践，更不可能成功地改造世界，人民的利益也就相应失去了实现的条件和基础。另一方面，人们必须以价值标准为动力去追求更加完善的真理。真理性的认识最大价值在于能成为人们实践的指南，指导人们实现对客观世界的合理改造。如果不把真理用于指导人的实践，让它仅仅停留在人的思想意识中，是注定不能发挥其应有功能的。毛泽东曾指出，正确的理论并不被实行，只是空谈一阵或束之高阁，不能满足人们的实践需要，再好的理论也是没有意义的。违背真理的"价值"，在实践中最终不能实现；不带任何价值的"真理"，也与实践的成功无缘。

在高校思想政治教育实践中，真理与价值不一致时引起教育失效的情形常有发生。我们不难发现，真理并不一定能为大学生所接受和认同的原因在于，大学生们在接受理论时往往根据自身需要的满

① 毛泽东：《毛泽东选集》第三卷，人民出版社，1991。

足筛选学习内容，真理可能因为被他们认为没有价值而拒绝，相反，虚假信息可能会被他们认为有用而选择吸纳。因此，人们在进行高校思想政治教育实效性研究时，往往提出和践行真理与价值相统一的原则。思想先导作为人类的实践活动之一，也必须遵循这一原则。真理原则要求思想先导必须科学化，要求遵循人们思想行为形成发展的基本规律，依据这些规律来开展思想先导工作。首先，要遵循人们思想认识形成和发展的规律。人们的思想认识的形成和发展要受到内外部因素的影响，就个体来讲，思想认识的形成是相当复杂的。虽然从某种程度上讲具有一定的偶然性，但是从整体上看是有着自身的发展规律的，形成正确认识应符合这个规律。其次，在武装实践主体指导实践活动的过程中，教育者、教育对象、教育中介及教育环境各要素之间是相互作用、相互影响的。为了达到武装实践主体的目的，必须采用科学的内容，选择科学的方法，营造良好的环境，有步骤、有计划地对教育客体施加积极的影响。实践主体接受的方法和步骤是否成功，关键在于实践主体是否接受了教育主体的信息。最后，在指导实践活动的过程中，实践主体要建构良好的反馈机制。在这一过程中，实践主体对于先导思想的掌握和运用的效果必须及时反馈和重新总结，又构成了深化指导思想的依据和动力。思想先导不仅要符合人们思想行为形成的发展规律，而且要反映实践主体对人们思想行为的要求，要满足实践个体和群体的需要，对他们是“好的”和“有益的”，体现思想先导的价值性。

思想先导的价值可分为个体价值和社会价值两个方面。从思想先导的个体价值来看，它对于每一个个体都具有意义。思想先导的个体价值主要指思想先导能满足个体生活、学习和工作的需要。如在生活领域，帮助实践个人构建正确的生活理想、选择健康的生活方式、塑造高雅的生活品质。从思想先导工作的社会价值来看，它具有经济、政治、文化方面的社会功能。第一，思想先导的目的在于以正确的思想理论指导人们的物质生产实践，提高人们在生产中的思想认识，指导变革生产关系的实践，从而提高劳动效率，创造更多的物质财富。第二，思想先导将以社会主导价值观念武装人民群众，在现阶段，即以爱国主义、集体主义、社会主义等主导价值观念宣传社会主义核心价值体系，统一思想，为实现社会主义现代化和中华民族伟大复兴服务。第三，思想先导将在全社会范围倡导以科学的理论武装头脑，崇尚社会主义核心价值观，弘扬中华民族优秀传统文化，为全社会的文化大发展大繁荣营造良好的人文氛围。

（三）动机和效果相结合的规律

“善良的结果来自正确的行为，正确的行为来自科学的知识和良好的动机。”[①] 动机与效果是人类行为活动的两个基本构成要素，在伦理学中构成人们评价行为善恶的基本依据。在评价人们的行为上，历来存在两个彼此对立的派别：唯心主义者强调动机，否认效果，故被称为动机派；机械唯物主义者否认动机，只强调效果，故被称为效果派。唯心主义者和机械唯物主义者在评价人们行为这一点上都犯了形而上学的错误，两者都无视动机与效果在人类行为中既对立又统一的内在联系，而是孤立地、片面地承认动机或是效果。与此相反，辩证唯物主义认为，人们做任何事情都要受一定的动机支配，动机是效果的指导，效果是动机的体现，又是检验动机的标准，反对割裂人们行为中动机与效果的内在联系。辩证唯物主义者认为动机和效果是辩证的统一，主张用联系的观点看待行为中的动机和效果，在联系中把握两者的区别，在对立中把握两者的统一。这就要求我们在评价具体行为时，既要考察动机，又要注重效果。毛泽东在《在延安文艺座谈会上的讲话》中指出，人们应做辩证唯物主义的动机和效果的统一论者，评价人们行为的好坏，唯心论者强调动机否认效果，机械唯物论强调效果否认动机。事实上，为大众的动机和被大众所欢迎的效果，是分不开的。毛泽东进而提出，检验一个作家的主观

① 刘湘溶：《人与自然的道德话语——环境伦理学的进展与反思》，湖南师范大学出版社，2004。

愿望是否正确，是否善良，不是看他怎么说，而是看他怎么做，主要是看其作品在社会大众中产生的效果。

动机和效果构成了判断人的行为的两个基本要素，两者既有区别又相互联系，动机发动人的行为，效果记录人的行为。[①] 动机指人们实践的主观愿望；效果指实践的客观后果。在思想政治教育学科中，动机和效果是一对基本范畴，动机是“指行为主体在行动之前的思想认识或主观愿望”，效果是“指行为在实践中产生的后果和影响”[②]。具体地说，动机和效果的有机结合主要包括两个方面的内容：第一，人的活动实践是动机与效果相结合的载体。作为评价思想先导行为的两个彼此关联的依据，动机总是为人们的思想先导活动指明方向，并预期一定的效果；效果在思想先导的实践中把动机现实化，体现了一定的动机。第二，动机与效果的统一不是静止的、抽象的，不能在思想先导行为实践的某一阶段孤立地谈论动机和效果，而是在动态的实践过程中考察动机和效果的有机结合。

动机是人们行为趋向的一定目的的主观意向，思想先导的动机是指思想先导过程中每一阶段行为主体的思想动机，具体包括形成正确思想的思想先导的主观想法，武装实践主体的主观意图，指导实践活动的主观愿望和深化指导思想的主观意向。效果是主观意向指导下的人们的行为所产生的客观后果。思想先导的效果是指思想先导过程中每一阶段行为在动机指导下所产生的实际结果，具体包括形成正确思想、武装实践主体、指导实践活动和深化指导思想等行为产生的实际结果。思想先导是人们在实践中形成正确的思想，用思想武装头脑，指导实践活动，深化指导思想的过程，其中的每一阶段性行为都是在主观动机的指导下进行的，也都必将产生一定的客观效果，因此动机和效果相结合的规律体现在思想先导具体过程中的每

① 迟成勇：《张岱年对中国传统伦理学说基本问题的研究》，《贵州大学学报（社会科学版）》，2011 年第 4 期。

② 郑永廷：《毛泽东思想政治教育的理论与实践》，武汉大学出版社，1993。

一环节。

在形成正确思想阶段，人们首先要有在实践中获得认识的主观愿望，要产生形成理性认识的主观意向，要具备在事物众多表象中去伪存真、去粗取精的决心和信心。其次，要把形成正确思想的良好动机化作在各种实践活动中积极探索和研究的动力和压力，在实践中形成能反映客观事物本来面貌和内在特征的认识的良好动机。在这一阶段，人们尽管抱有形成正确思想的良好动机，但如果不产生一定的实际效果，他的良好动机便毫无作用。同样，人们虽然有了相应的良好动机，又付诸行动，但由于方法不对，产生的效果不好，那么良好动机仍然没有价值。因此，在形成正确思想这一环节上，动机与效果相结合的规律是其内在的必然的特点，也是其客观要求。同样，在思想先导单一过程中的每一环节都必须做到动机与效果相结合。不但要有良好的动机，还要见到实实在在的客观效果，才能切实发挥思想指导行为的积极功能。

党的二十大擘画了以中国式现代化全面推进中华民族伟大复兴的宏伟蓝图，明确了全面建成社会主义现代化强国“两步走”的战略安排。实现中华民族伟大复兴宏伟目标，仅有良好愿望和满腔热情是不够的。实践的目的和动机必须符合客观实际，才能创造真正的业绩。如果违背了客观事物的规律性，即使有好的动机，也不能取得预期的效果。习近平总书记指出，“求真务实是我们党的思想路线的核心内容。现在一些地方形式主义严重，浮躁风气盛行。有的干部作风飘浮，不深入实际，不了解实情，习惯于做表面文章，空喊口号，说大话套话，不干实事；有的地方平庸懒散的作风突出，不思进取，不敢创新，怕担风险、怕负责任，工作标准不高，工作要求不严；有的热衷于沽名钓誉，哗众取宠，应付上级，应付群众；有的好大喜功、急功近利，不按客观规律办事”①。在实际工作中，贯彻落实党中央

① 习近平：《干在实处　走在前列——推进浙江新发展的思考与实践》，中共中央党校出版社，2006。

决策部署，如果不能因地制宜、因势利导，而是照搬照抄、生搬硬套，实施效果必然大打折扣，甚至出现“好心办坏事”“事与愿违”的现象。领导干部干事创业必须实事求是、求真务实，深入调查研究，加强科学论证，出实招求实效，坚决避免拍脑袋决策、拍胸脯蛮干。

人的认识能力和环境因素既是保证动机与效果相结合的条件，也是造成动机与效果分离的原因。在思想先导过程中，由于人的认识能力和环境因素的影响，也可能出现动机与效果分离的情形，如好的动机并不一定得到好的效果，好的效果也不一定都是由好的动机造成的。在考察和评定思想先导的实际过程时，必须结合每个阶段的主观愿望和实际结果，而不能只重动机而不顾效果，或者只重效果而不顾动机，否则就不能正确地评估思想先导的实际过程，因此人们要尽力避免动机和效果相分离的情况。

（四）内化与外化相一致的规律

内化和外化在思想政治教育学基本范畴中占有特殊地位，从其性质来看，是这一系统的结果范畴。[①] 内化就是教育对象对教育内容和信息的理解、选择和认同，并把教育信息和内容纳入自己已有的认知结构中，将原不属于个人意识中的外在，转化为自己的一种自觉的过程，并且这种“自觉”应是符合教育者预期的。内化可以理解为客体主体化，是主体认识的第一次飞跃。外化就是教育对象把已形成的思想转化为行为，做出符合教育者预期的良好行为与行为结果，并不断重复而形成教育对象的行为习惯。外化可以理解为主体客体化，是主体认识的第二次飞跃。内化与外化不仅是标志结果的范畴，也是表征过程的范畴，是结果范畴和过程范畴的统一。在思想先导过程中，内化与外化相一致的规律揭示了两者之间的内在联系及其互动趋势——内化是外化的基础和准备，外化是内化的必然结果和归宿，

① 张耀灿、郑永廷、吴潜涛、骆郁廷等：《现代思想政治教育学》，人民出版社，2006。

二者辩证统一于思想先导的每个环节。思想先导过程是把符合客观事实并能揭示事物发展的必然趋势的科学思想内化为实践主体的思想意识，转化为他们行为的思想动机和精神动力，并外化为实践主体行为的过程，是内化和外化彼此结合、互动的过程。因此，内化与外化相一致是思想先导的一个基本规律，即思想先导工作者根据一定的目标，有目的、有计划地以科学思想武装人民群众并指导其参与各种实践活动的过程，同时又是人民群众在接受教育和引导后，主动地把科学思想内化为自身的思想观念，外化为行为和习惯的过程。

在思想先导的单个过程中，形成理性认识、武装实践主体和指导实践活动、深化指导思想是有机的统一体。只有每个过程都能实现内化阶段与外化阶段的有机结合，才能最大限度地发挥思想先导的功能。形成理性认识是思想先导过程的第一步，也是内化与外化相一致的第一个阶段。有学者指出，任何理性教育，形象的感染，都是外部的客体，外部的教育只有通过主体的心理过程才能起作用。如果没有主体内心的心理过程的发生，任何教育都等于零。[①] 实践主体在物质生产实践、变革社会实践和科学实验中通过感觉系统感知外部世界，根据自己的默会知识对客观世界的各种信息进行选择和认知，首先形成对客观事物表象的感性认识。反复多次的实践活动和基本的理性思考能力能促使实践主体根据事物之间的联系形成对事物内在特征的理性认识，这就形成了思想，即完成实践主体在一个阶段的内化过程。理论教育的目的在于丰富和发展人的精神生活。理论教育只有深入人心，才能内化为人的精神世界的一部分，最终促进人的全面发展，更好地展示理论教育的社会价值。与此同时，实践主体要通过一定的语言形式把形成的思想表达出来，向世人呈现其内化的结果，通过书面形式和口头形式进行思想交流和分享。更重要的是，实践主体将用形成的思想指导各种实践活动，外化为实在的行为，这就实现了

---

① 王礼湛：《思想政治教育学》，浙江大学出版社，1989。

实践主体在思想先导一个阶段中的外化过程。武装实践主体和指导实践活动是前后相继的两个阶段，实践主体必须根据自己的认知结构理解、选择和认同不属于个人意识中的外在认识，内化为自己的思想，并在具体的实践活动中外化为行动。内化与外化是思想政治教育的重要范畴。内化是指社会意识向个体意识的转化，是社会倡导的思想观念、价值取向、行为规范转化为个体内在的过程。外化是指教育对象的内在思想和个体意识转化为外在的实际行动的过程。内化外化规律是指在思想政治教育过程中，教育对象对思想政治教育内容的接受是认知与行为、内化与外化的辩证统一。这一规律要求教育对象把社会意识和道德观念内化于心，再通过道德践履和实际行动外化于行。其中，内化是外化的前提和基础，没有内化就没有外化。同时，外化是内化的目的和归宿。只有将内化与外化相统一，才能完成思想政治教育的全过程，达成思想政治教育的目标。因此，探究思想政治教育的认知规律，要以践行为归宿。这就要求强化社会实践环节，将思想政治教育同社会大课堂有机结合，让思想政治教育深入到工厂车间、社区军营、田间地头、弄堂小院，让学生在中国特色社会主义实践最生动、最火热的地方认识国情、丰富阅历、磨炼意志、增长才干，更好地了解社会、服务社会，实现知行合一。

第六章　思想先导实现的原则和方法

思想先导实现的原则和方法是完成其任务的手段。“工欲善其事，必先利其器”，要想思想先导的过程及每一环节都能达到预期目的，且取得事半功倍的效果，就必须采用一套效能较好的原则和方法。没有合适的方式方法是断然实现不了思想先导的积极功能的。然而，思想先导实现的方法并非呈现出单一的方法形式，而表现为一个多层次的方法体系。它包括辩证唯物主义和历史唯物主义的立场、观点、方法以及方法论原则。辩证唯物主义和历史唯物主义是思想先导实现方法的理论基础，是贯穿整个思想先导过程始终的指导思想，因此思想先导过程的实现必须始终坚持辩证唯物主义和历史唯物主义。如果离开了辩证唯物主义和历史唯物主义的立场、观点和方法，不仅在思想先导的实现过程中会犯这样或那样的错误，而且在一般原则和具体方式的选择和运用上也可能发生偏差。但是，辩证唯物主义和历史唯物主义是思想先导实现中最一般意义上的方法，是思想先导总的指导方法。要解决思想先导过程中的全部具体问题，还必须在辩证唯物主义和历史唯物主义的指导下，形成一系列的原则方法和具体方法作为补充。因此，本书将试图探究思想先导实现的原则方法和具体方法。思想先导实现的原则是思想先导过程中的经验总结，是思想先导活动的准则和要求，反映了思想先导过程的规律。思想先导实现的方法是实现思想先导的具体方式，没有这一层次方法的具体运用，并以此开展十分丰富而真实的思想引导的实践活动，人们对于思想先导现象的认识就不能实现由感性认识到理性认识的能动的飞跃，也就不能实现思想先导的积极功能。因此，我们对于思想先导实现的方法应该有一个完整的全面的认识，把它放在一个多层次的复杂结构中加以考察和运用，只有这样，才能保持高度的自觉性。

一、思想先导实现的原则

原则是人们认识客观事物及其规律形成的认识结果，又是人们进一步认识世界和改造世界的行为准则。恩格斯指出，原则是人们开展研究活动形成的最终结果，原则是从人们改造自然界和人类社会的活动中抽象出来的。研究思想先导的过程，就是将社会的思想观念和理论观点内化为人民群众的思想动机和观念意识，以此指导人民群众正确地认识世界和改造世界。要实现思想先导的积极效果，达到思想先导的预期目标，我们必须遵循思想先导过程中的内在规律，依据思想先导实践过程中形成的原则性要求。思想先导的原则就是教育者从思想先导的具体实践中抽象形成的理性认识，是在进行思想先导时必须遵循的基本准则。为此，本书就思想先导应遵循的五条基本原则作出探讨。

（一）先进性原则

习近平总书记指出："先进的思想文化一旦被群众掌握，就会转化为强大的物质力量；反之，落后的、错误的观念如果不破除，就会成为社会发展进步的桎梏。"① 先进是相对落后而言的，思想先导中的先进性原则体现在应形成代表社会发展趋势的先进思想，用先进的思想理论武装人民群众，发挥先进战士在思想武装和实践推动中的先锋模范作用，在具体的引导过程中采用先进的技术和方法等方面。

首先，形成先进的思想是开展思想先导工作的第一步。只有代表人类社会发展的前进趋势和符合广大人民群众根本利益的思想才是

① 习近平：《习近平著作选读》第二卷，人民出版社，2023。

先进思想，才能成为引导人民群众的先进思想，才能最终被人民群众接受。而落后的思想则反映人类社会历史的逆流和剥削阶级的利益，由于其代表过去或即将过去的历史，最终将被人民群众抛弃。在我国试图以西方资产阶级政治思想改良中国、以旧式农民运动思想改变国家半殖民地半封建社会无效的情况下，无产阶级革命家选择了走俄国革命的道路，把世界上最先进的无产阶级革命理论引进和传播到国内。十月革命给中国送来了马克思列宁主义，马克思列宁主义的传播帮助了全世界的无产阶级，也帮助了中国的先进知识分子得出了“走俄国人的路”的结论，用无产阶级的宇宙观作为观察和考虑国家命运的工具。至此，第一代中国共产党人把马克思主义的基本观点与中国革命相结合，形成马克思主义中国化的第一大理论成果，这是革命战争年代无产阶级先锋人士的选择。如在 20 世纪 20 年代以后，毛泽东等革命党人开始研究中国革命性质、对象、主体等基本问题，提出了中国革命是在内忧外患的不利情况下，以农民为主体的推翻三座大山的革命运动的革命思想。新民主主义革命思想既符合我国的革命实际，也反映了世界无产阶级革命的必然趋势，更符合广大无产阶级的“打土豪、分田地”的利益要求。这就在思想上形成与以往农民运动和资产阶级改良运动根本不同的革命路线。新民主主义革命思想代表着最广大农民的利益，成为引领中国新民主主义革命的先进思想。

新中国成立后，在毛泽东思想指引下，党和国家创造性地完成了由新民主主义革命向社会主义革命的转变，使中国进入了社会主义社会，成功实现了中国历史上最深刻最伟大的社会变革。新民主主义革命的胜利，社会主义基本制度的确立，为当代中国一切发展进步奠定了根本的政治前提和制度基础。党的十一届三中全会以后，以邓小平同志为主要代表的中国共产党人，总结新中国成立以来正反两方面的经验，解放思想，实事求是，实行改革开放，开辟了社会主义事业发展的新时期，逐步形成了建设中国特色社会主义的路线、方针、政策，创立了邓小平理论。党的十三届四中全会以后，以江泽民同志为主要代表的中国共产党人，在建设中国特色社会主义的实践中，加深了对什么是社会主义、怎样建设社会主义和建设什么样的党、怎样建设党的认识，积累了治党治国新的宝贵经验，形成了“三个代表”重要思想，丰富和发展了中国特色社会主义理论体系。党的十六大以后，以胡锦涛同志为主要代表的中国共产党人，深刻认识和回答了新形势下实现什么样的发展、怎样发展等重大问题，形成了以人为本、全面协调可持续发展的科学发展观。科学发展观总结了我国改革开放和现代化建设的成功经验，揭示了经济社会发展的客观规律，反映了我们党对发展问题的新认识。党的十八大以来，习近平新时代中国特色社会主义思想在推动中国特色社会主义进入新时代的过程中应运而生，推动党和国家事业取得历史性成就、发生历史性变革，是新时代中国共产党的思想旗帜，是国家政治生活和社会生活的根本指针，引领中国、影响世界的当代中国马克思主义、21 世纪马克思主义，是中华文化和中国精神的时代精华，实现了马克思主义中国化新飞跃。实际上，马克思主义中国化的历史，就是中国共产党及其主要代表把马克思主义基本原理同中国具体实际相结合的历史，也是中国共产党在中国革命、建设和改革中不断推进理论创新、理论创造的历史。

其次，在对人民群众进行思想武装时，必须以先进的思想文化作为精神武器，否则武装人民群众头脑的目的就无法实现。老百姓在各种社会思潮竞争的情况下，不会无选择地接受一切思想，而是根据思想所代表的阶级利益和反映的时代内容来进行判断。在西方资本主义生产方式作为先进生产方式逐步取代封建主义生产方式时，德国宗教改革中的新教个人主义就是当时的先进思想，其认为“人虽然无法得知自己是否是上帝的选民，但人们也不应当放弃现世的努力”，其积极进取、鼓励个人奋斗的资产阶级主张更“适合当时资产阶级中最勇敢大胆的分子的要求”，也更加接近资产阶级及个人主义的精神实质，成为“近代政治自由、精神自由得以发展的一个根源”①。在当前，我国社会思潮领域充斥着各种各样的思想观点，如历史虚无主义、无政府主义、新儒教思想、自由主义等，虽然一部分人在没有弄清其主要观点的情况下就认同这些思想甚至盲目地崇拜，但经专家的理论解读和剖析后，大多数人民群众不约而同地放弃了跟随这些思想，主要是因为这些思想的落后性和腐蚀性。而社会主义核心价值观扎根于中华民族五千年厚重文化土壤，借鉴吸收人类文明优秀成果，鲜明地表达了新时代中国共产党人的价值主张，凝结着全体中国人民共同的价值追求，昭示着新时代中国发展进步的方向，是当代中国精神的集中体现，为创造中华民族现代文明提供了价值指引。从这个意义上讲，社会主义核心价值观是迄今为止最科学、最进步的价值观，它具有主导社会思潮的先进性特质。

最后，在以先进思想指导实践活动时，需要发挥先进阶级的示范带头作用。先进阶级具有革故鼎新的精神，代表最先进的生产力，拥有较高的科学文化素质，掌握着先进的科学技术，因此先进阶级在社会生产的各行各业都能带头示范，在广大人民群众中发挥很好的榜样作用。毛泽东在《中国社会各阶级的分析》一文中指出：“工业无产阶级人数虽不多，却是中国新的生产力的代表者，是近代中国最进步的阶级，做了革命运动的领导力量。”② 也就是在浩浩荡荡的中国革命中，工业无产阶级的先锋队共产党人率先接受马克思主义理论，以此为精神和理论武器指导了一次又一次的革命战争，而后才有广大的人民群众参与其中，共同承担了反帝反封建的历史重任。伟大的中国革命就体现了先进阶级和先锋战士的力量。

无论是在革命战争年代，还是社会主义建设时期，先进典型都是我们奋进新征程、建功新时代的标杆和榜样。建党百余年来，无数时

① 刘相、刘德军、王忠武主编，陶传平、耿光连、张丽红副主编《人类思想解放史论》，人民出版社，2007。

② 毛泽东：《毛泽东选集》第一卷，人民出版社，1991。

代楷模脱颖而出，“油田铁人”王进喜立下“宁可少活二十年，拼命也要拿下大油田”的铮铮誓言，用顽强的意志和冲天的干劲打出了大庆油田石油大会战的第一口油井；孔繁森以“青山处处埋忠骨，一腔热血洒高原”的热情扎根西藏，带领群众寻找脱贫致富之路。党的各个历史时期涌现出的先进典型，都是那个时代的佼佼者、领跑者，带动了一批又一批党员干部奋力拼搏进取。一个个先进典型就是一面面旗帜，树立起榜样的标杆，给人以鼓舞和力量，起到“点亮一盏灯，照亮一大片”的示范作用。纵观雷锋、焦裕禄等不同时期的先进典型，都是在平凡岗位上守初心、担使命的优秀共产党员，他们的光辉形象即使历经岁月洗礼，依旧被广大人民群众铭记，成为时代的精神标杆。

（二）创新性原则

“创造性是衡量个人主体性的尺度，是表现社会文明程度的标志”①。创造活动是以探索和求新为本质特征的，是人类自觉能动性的最高表现和最高层次，是人为万物灵长的灵魂。创新性是指人类在变革和改造旧事物的过程中，创造新事物的能力。在思想先导的每一环节中积极地调动实践主体的创造性有利于形成与时俱进的先进性思想、创造性地开展实践活动。但是，实践的任何创造性都是从它的客观性中得来的，正确理解物质世界的客观性，才能发挥积极有效的创造作用，超越物质世界的客观规律，主体的创造性就会成为一种有破坏性的精神力量。所以，在正当的范围内，发挥主体性和创造性不仅是必要的，而且是必须，但必须是主体性与客观性相统一的客观进程。创新是时代的号角，也是进行各项工作的基本要求。在思想先导工作中，要最大限度地发挥思想先导在人们生产生活中的作用，就必须在具体的社会实践中进行思想理论的创新，必须符合人们求新求异的社会心理，不能固守传统，采用亘古不变的形式和方法。思想先

① 袁贵仁主编《人的哲学》，工人出版社，1988。

导的创新性原则突出地体现在内容的创新、形式的创新和方法的创新，并以此为动力推动思想指导实践。

内容是思想的核心。人类社会思想史是永恒向前发展的，这就需要在继承传统思想文化的优秀成果基础上不断地创新思想内容。人类的实践活动随着历史条件的发展而发展，新的实践必将产生新的经验，丰富和发展已有的思想成果。但是，思想不能自己形成，需要实践主体在日新月异的实践活动中客观地反映社会实际，根据正确的理性思维方式，进行概括、判断和推理，最终形成实践主体的新思想。人们必须在不断更新的思想理论的指导下才能开展各种各样的实践，否则思想理论将失去生命力。正如当前，党中央提出“马克思主义中国化时代化”的战略任务，其中“时代化”的命题就是号召广大思想理论工作者认真总结新世纪新阶段社会主义改革和建设的新经验，丰富和创新中国化的马克思主义，永葆马克思主义与时俱进的理论本质。一百多年来，中国共产党坚持把马克思主义写在自己的旗帜上，不断推进马克思主义中国化时代化，取得了毛泽东思想、邓小平理论、“三个代表”重要思想、科学发展观、习近平新时代中国特色社会主义思想等重大理论成果，使马克思主义在中国焕发出强大生命力。

思想是内容和形式的统一，思想的内容必须通过相应的形式呈现出来。在人民群众中宣传正确思想时，为了提高思想武装的效果，还必须强调宣传和武装形式上的创新，否则人民群众将对其敬而远之。在中国共产党的思想政治工作中，活泼、新颖的思想表现形式一直是引人注目的亮点，也是我们进行思想先导工作时必须继承的优良传统。如在传统媒介时代，我们的思想宣传阵地以纸质版的报刊、书籍为主，但在新媒体时代，我们的思想宣传阵地在继续利用传统媒介的基础上，大力开拓互联网和手机等新媒介承载宣传思想内容的功能。各地各部门通过红色网站、红色专栏等形式大力宣传社会主义核心价值观，以创新的形式加大老百姓对先进思想文化的关注度和认同感。

方法是思想先导工作的“桥”和“船”，要发挥其中介作用，必须不断创新。邓小平曾说，政治工作根本的内容没有变，但时间、条件、对象不同了，解决问题的方法也应随之改变。这就告诉我们，方法创新必须随着历史条件的变化而变化，既要继承和利用传统方法的优势，又要根据新形势，总结新经验，不断创新思想先导的方法。如在信息高度发达的今天，我们在进行思想引导工作时，就必须掌握自动控制领域的三大基础理论，善于利用信息论、系统论和控制论中的基本方法。

（三）目标性原则

人类任何活动都有一定目标性，思想先导这一实践活动也不例外。思想先导的目标性原则是指认识主体和实践主体在思想形成、武装头脑、指导实践和深化思想的过程中要树立明确的目标，在头脑中预先思考思想先导各阶段要实现的任务和可能的结果。从这个意义上说，思想先导的目标就是人们思想意识中对思想先导结果形成的预期状态，为人们开展具体的思想先导活动提供努力的方向和信心。思想先导活动实践是目标性极强的社会实践活动，在具体实施思想先导的相关工作前，必须确定明确的实现目标。思想先导目标是开展思想先导过程中各个阶段工作的导向和基本依据，是有效发挥思想先导功能的先决条件，也是实现思想先导的关键一环。所谓思想先导的目标性原则，并非简单地等同于思想先导的终极目标，还包括内在的、贯穿于思想先导单个过程和单个过程中每一环节应达成的初级目标和中级目标。因此，思想先导的目标应该包括三个层次：初级目标、中级目标和根本目标。思想先导的初级目标就是思想先导过程中每个环节确立的目标，如第一阶段的目标为形成符合客观事物本来面貌、反映客观事物内在特征的正确思想。思想先导的中级目标就是单个思想先导过程完结中每个环节都应实现的目标。思想先导的根本目标也称为终极目标，即帮助人们认识世界和改造世界，实现人的自由全面发展，推动社会的健康发展的目标。

促进目标的实现，需要充分发挥主体的能动性。在思想先导过程中，正确目标的设定与实施必须在主体的能力范围内，不能设定过高目标，更不能远远超出主体的能力范围，否则将削弱主体的积极性。同时，思想先导过程的主体应在其根本目标的指引下设定切实可行的长远目标，并将其分解为一个一个前后相继的短期目标，激励受教育者配合完成任务。目标是不断发展的，当社会环境、思想内容和人们的行为指向发生变化时，必须改变和调整目标以适应变化的形势。同时，在思想先导中坚持目标性原则，就应按目标控制原理来建立目标管理体系，要求在实现思想先导功能时，围绕每个环节应实现的目标控制思想先导全过程，合理选择有效要素，组织协调积极力量，来提高思想先导的效果。

在思想先导中坚持目标性原则，就要突出其根本目标，根据目标开展实践活动。立足人民群众认识世界和改造世界的根本需求，遵循思想行为活动的基本规律，认真研究人们的思想特点和行为方式，立足现实，着眼长远，不断创造出人们喜闻乐见的思想教育、宣传方式，做到有的放矢、循序渐进。思想先导的目标性原则不是某种抽象的、超越历史的观念的产物，而是由人类社会发展的某一特定历史阶段的社会状况决定的。社会状况包括诸多因素，如政治民主的状况、经济发展的程度、社会的文化积淀等，即思想先导的目标性原则具有历史性。同时，思想先导的目标性原则的存在状态，在各个阶段都不是一成不变的。单一思想先导过程将采用一种由几个目标性原则相互支持和补充、重点不一的形式，共同构成思想先导目标体系，即思想先导的目标性原则具有发展性。因此，坚持思想先导目标性原则就应适时地调整将要实现的目标。

（四）主体性原则

唯物主义历史观认为，人是一切实践活动的参与者和承担者，是社会历史发展的主体。重视主体性是马克思主义哲学区别于旧唯物主义的显著特征，也是马克思主义哲学基本原则的一个重要方面。马克思说："主体是人，自然是客体"①。在历史唯物主义中，主体就是"现实的人"，是既从事现实社会实践活动、又不断认识和改造世界与自我的人。现实的主体既包括个体主体，即单个的人；又包括集体主体，如国家、民族、阶级等；同时，还包括社会化了的人类即类主体。在马克思看来，主体的规定性是指作为主体的人的内在结构和本质属性，具体表现为客观实在性、社会历史性和自觉能动性三种形式。马克思认为，历史的形成过程就是由追求着自己目的的人的劳动构成，而人的劳动又是积极的、创造性的活动。这不仅充分体现了马克思主义者对人在社会实践中的主体地位的尊重和重视，也是倡导主体性原则的理论依据。马克思主义哲学主体性原则要求人们在实践过程中，充分尊重客观事实，全面把握客观因素，正确认识和积极运用主观条件和客观因素，充分发挥自身的能动性和创造性，使主体性在实践中能够充分发挥和实现。思想先导是思想武装人的头脑与指导人的实践活动的有机统一，它是人所特有的对象性活动。在思想先导过程中，是否尊重人的主体地位和发挥人的主体作用将直接影响思想先导的目标实现。因此，主体性原则也是思想先导过程中必须遵循的方法论原则。

"主体只能是个体性的，是独立自主的，因为'自我'作为独立自主的个体才能成为真正的主体，从而才有真正的主体性原则"，"事实上，主体只有作为个体才是普遍的存在，主体性原则也只有个体主体思考和选择自己行为的原则，才真正具有普遍的意义。"② 因此，承认主体的独立性，尊重个人主体的差异性是坚持主体性原则的基本要求。在思想先导过程中坚持主体性原则，必须充分考虑个人主

① 中共中央马克思恩格斯列宁斯大林著作编译局编《马克思恩格斯选集》第二卷，人民出版社，1995。

② 周占生：《"自我"与超越：价值主体性原则的理性反思》，《郑州大学学报（哲学社会科学版）》，2003 年第 3 期。

体的内在思想需要，坚持思想武装、理论教育、舆论宣传等活动中的个人本位与社会本位相结合，决不能以社会和国家的思想理论需要代替个人的思想需要和动力。

马克思主义认为，主体地位是指人在主客体关系中表现出来的人对活动客体的主导地位。承认人在认识世界和改造世界中的主体地位是坚持主体性原则的重要条件，也是激发其主体性的前提。在思想先导的思想武装、理论教育、舆论宣传等活动中，主体和客体都是现实的人，因此必须坚持“双主体”的观念。如在进行思想理论教育时，教育者的主体地位不能动摇，教育者在整个教育活动中，需要收集、选择教育内容，组织教育情景，调控整个教育过程。因而，教育者是受教育者进行思想内化和行为外化的积极引导者。只有充分认识自身在教育活动中的主体地位和教育责任，教育者才能深刻领会党和国家对思想教育的基本要求，从而在教育教学过程中进行改革和创新，深入挖掘受教育者的学习能力，以良好的人格力量增强对受教育者的感染力、影响力和辐射力。同时，受教育者应破除被动应对的思维定势，在受教育活动中充分意识到自身在接受教育过程中的主体地位。联合国教科文组织在《学会生存——教育世界的今天和明天》中指出：“虽然一个人正在不断地受教育，但他越来越不成为对象，而越来越成为主体了。”① 增强受教育者的教育主体地位，使教育过程转化为自我教育过程，是思想教育过程的最完善的体现形式，也是达成思想教育目标的关键。只有这样，受教育者才能积极地配合教育者，主动地完成学习任务，并在教学过程中积极地影响教育者，从而形成教学相长的良好效果。

人的主体性是作为主体的人在一定的对象性活动中表现出来的主观能动性。人作为主体，就在于他是能动的自然存在物，具有自觉能动性，在认识世界和改造世界的各种对象性关系中，能自觉、主动

① 联合国教科文组织国际教育发展委员会：《学会生存——教育世界的今天和明天》，教育科学出版社，1996。

地认识客体和改造客体，而不是被动、消极地进行认识和实践活动。激发人的主体性是思想先导过程中坚持主体性原则的核心。具体到思想先导过程中的能动性来说，就是同时发挥教育者和受教育者的自觉能动性。在思想教育中，教育者的主体性是教育者人格力量的实质体现和基本构成，教育者的主观能动性集中体现在其根据教育活动所设定的目标中。教育者既根据现实，从受教育者现实的思想状况和现有的教学情况出发，又展望未来，引导受教育者形成与未来社会发展需要相适应的思想理论素质，促进受教育者的科学文化素质的提升。受教育者的能动性主要表现为依据自己的认识基础、生活阅历、认识能力和内在需要，对思想教育学习活动进行自我支配、自我调节和控制，充分发挥自身潜力，能动地影响着教育者的认识、情绪和活动，能动地对教育内容进行比较、评价和选择，能动地去认识、学习和接受教育者的影响，并使之个性化，成为自身主体意识的有机组成部分。

《红星照耀中国》的作者埃德加·斯诺曾感慨，中国共产党总能从大多数人民群众中汲取力量。人民立场是中国共产党的根本政治立场，是马克思主义政党区别于其他政党的显著标志。习近平总书记指出，“我们要坚持人民是创造历史根本动力的历史唯物主义基本观点”①。中国共产党为人民而生、因人民而兴。从石库门到天安门，从兴业路到复兴路，我们党百余年来所付出的一切努力、进行的一切斗争、作出的一切牺牲，都是为了人民幸福和民族复兴。正是因为我们党始终坚持人民主体地位，充分尊重人民所表达的意愿、所创造的经验、所拥有的权利、所发挥的作用，最广泛地发动和组织人民，激发人民创造伟力、凝聚人民智慧力量，才能团结带领人民战胜一个又一个困难，取得一个又一个胜利。

（五）层次性原则

马克思主义的“实事求是”思想路线是思想先导中层次性原则

① 习近平：《在纪念毛泽东同志诞辰130周年座谈会上的讲话》，人民出版社，2023。

的理论基础，其强调各项工作应从实际出发，对客观情况进行深入调查和仔细研究，具体情况具体分析，从中找出解决问题的具体办法来，作为行动的向导。具体情况具体分析，具体问题具体解决，这是马克思主义活的灵魂，是唯物辩证法的基本要求，也是思想先导过程中坚持层次性的根据所在。

思想先导的层次性原则就是按照人们各方面的差异，分层设置先导目标、确定引导内容、选择教育方法，其实质就是承认思想教育对象、教育目标和教育内容的差异性。

思想教育的对象情况不一，表现出明显的层次性，具体表现为年龄上的、地域上的、已有知识上的、心理素质上的、社会阅历上的等方面差异。受教育者依据划分的标准不同，可将其分为不同类型和层次。同时，思想教育的对象固然是指全社会所有成员，但也可以分为不同领域、不同类型、不同层次的教育对象，但是必须在承认其共性的基础上根据思想教育对象的差异性划分，包括文化水平、思想觉悟、经济收入、风俗习惯、生活方式等诸多差异。注重研究人民群众的特点，研究广大人民群众多样化的需求，并将人民群众区分为不同的层次群体，才能有针对性地开展工作。“我们在人与人之间所见到的精神上的差异，是由于他们所处的不同的环境，由于他们所受的不同的教育所致。”① 个人“利益支配着我们的一切判断”②，是“我们的唯一推动力”③。在不同的教育环境中、不同利益的推动和支配下，人们会产生相异的认识和观念。只有认真研究认识观念差异产生的原因、差异的表现因素对思想理论接受的影响，才能准确定位思想教育对象的不同层次，在思想先导中切实遵循层次性原则。如果对其定位把握不准，就会使思想先导陷于主观盲目性。亚里士多德认为，求知是人类的本性。人们都有追求知识的需要。但是，思想教育对象具

① 葛力：《十八世纪法国哲学》，商务印书馆，1991。
② 葛力：《十八世纪法国哲学》，商务印书馆，1991。
③ 葛力：《十八世纪法国哲学》，商务印书馆，1991。

有不同的身心特点、知识基础、接受能力、认识层次和思想觉悟，这就必然使得人们对知识渴求的表现不尽相同。只有区别对待，承认群体和个体的差异，分层次进行引导，才能体现思想先导过程中的层次性原则。

人们的思想认识和思想觉悟存在普遍的差异性，毛泽东在《关于领导方法的若干问题》一文中指出："任何有群众的地方，大致都有比较积极的、中间状态的和比较落后的三部分人。故领导者必须善于团结少数积极分子作为领导的骨干，并凭借这些骨干去提高中间分子，争取落后分子。"① 思想先导要贯彻层次性原则，必然要求深入调查研究，准确区分受教育者的思想类型，科学地确定思想教育的目标。思想先导的总体目标是提高人们认识世界和改造世界的能力，但在坚持这一根本任务的前提下，必须根据思想引导对象的不同层次，设置具体的思想先导目标。人的思想发展是有层次性的，在思想先导的目标设置上，要体现由低到高逐步深化的层次顺序。在思想先导中，按人们对思想教育接受的层次分类：第一层次是解决实际问题；第二层次是解决认识问题；第三层次是解决科学思想、科学精神、科学知识、科学方法问题；第四层次是解决思想意识问题，包括世界观、人生观、价值观和社会公德、职业道德、家庭美德、个人品德问题；第五层次是解决政治问题，即政治方向、政治原则问题。对于不同层次的受教育者应根据其需要设置教育目标，而且需要层层推进。因此，有学者指出当前我们进行马克思主义大众化教育时，就要首先明白，马克思主义大众化教育的目标，不是培养"马克思学"的学者，而是马克思主义者，即信奉马克思主义并将它付诸实践的社会主义事业的建设者和接班人。进而有研究者认为，理论教育大众化的基本目标首先是让教育对象接触和认识马克思主义；其次是吸引更多的教育对象理解、接受马克思主义；最后才是让教育对象在理

① 毛泽东：《毛泽东选集》第三卷，人民出版社，1991。

解、接受马克思主义的基础上，掌握、运用马克思主义，逐步成为马克思主义的研究者和实践者。

思想教育内容的选择必须结合人们所关注的现实问题。如在当前社会主义现代化建设时期，所有高校都在深入学习贯彻社会主义核心价值体系。但是，不同阶段不同层次的学生群体应在教育内容的选择上有所倾斜。社会主义核心价值体系的基本内容包含马克思主义的指导思想、中国特色社会主义的共同理想、以爱国主义为核心的民族精神和以改革创新为核心的时代精神、社会主义荣辱观四个方面。然而，对教育内容的选择上应加以科学区分。对大学生党员进行社会主义核心价值体系教育时，要创造条件让其深入学习，深刻领会科学内涵和精神实质，引导他们成为马克思主义最忠实的拥护者和实践者；对大学生干部进行社会主义核心价值体系教育时，要尽量全面，帮助学生干部确立马克思主义的坚定信念；对普通大学生进行基本的社会主义核心价值体系教育时，要重点开展民族精神、时代精神和社会主义荣辱观的教育。只有对不同学生群体选择不同的内容进行教育，才能达到社会主义核心价值体系教育的最佳效果。

所有的理论工作者“应当学会不用书本上的公式而用为群众事业而奋斗的战士们的语言来和群众讲话”①，毛泽东在此强调了思想先导过程中的语言使用问题。他指出，在文艺创作过程中，只有认真学习群众的语言、懂得群众的语言，才能保证文艺工作者的思想感情和工农兵大众的思想感情打成一片。大众化取向下的思想先导要求用通俗化的话语解释深奥的理论，但为了达到理想效果，也应根据人们的文化层次和理论水平使用不同层次和方式的语言。在对党的高级领导干部的理论教育过程中，教育者有时可以采用政治话语；在进行理论研讨时，学者可以使用学术话语；在对人民大众进行理论宣传时，则需要朴实的大众“流行话语”；在对网络化时代中成长的青年

① 毛泽东：《毛泽东选集》第三卷，人民出版社，1991。

大学生进行思想理论教育时，教育者不能仅仅使用教材上或者研究专著上的深奥的术语，而要与时俱进地吸收新鲜的时代语言，适当地运用外来语言、信息语言、网络语言，切合他们的受教育心理。当前，老百姓就强烈反对一些华而不实、装腔作势的理论工作者把简单的道理“高深化”，以及不切合广大理论接受者的需要的做法。思想先导工作者如果不分时间、不分场合、不分对象地套用“政治术语”“学术语言”“流行话语”“网络热词”，将使教育对象不能正确理解和接受，形成“言者谆谆，听者藐藐”的负效果。因此，语言的层次性要求在不同层次的思想教育、理论武装中也显得尤为重要。

二、思想先导实现的方法

思想先导的方法是指在以思想引领个人和社会发展的过程中，为达到以正确思想理论引领个人发展和社会进步的目的而采取的各种有效的、实用的手段和方式。思想先导研究的主旨在于在具体社会实践中发挥正确思想理论的指导和引领作用，这是时代赋予理论工作者的使命，而这一任务的完成，必须运用科学的方法。“在探索的认识中，方法也就是工具，是在主体方面的某个手段，主体方面通过这个手段和客体相联系。”① 方法之于思想先导过程的重要性不言而喻，因此必须针对常用的具体方法加以一一研究和探讨，但在具体的操作时，我们应该综合运用各种方法，充分考虑思想先导过程中的各种因素，积极有效地开展思想引导工作。

（一）理论教育法

习近平指出，“要把学习贯彻党的创新理论作为思想武装的重中之重”②。灌输原则是列宁提出的无产阶级进行思想政治教育的一条

① 中共中央马克思恩格斯列宁斯大林编译局编译《列宁全集》第五十五卷，人民出版社，1990。

② 习近平：《习近平谈治国理政》第三卷，外文出版社，2020。

基本原则，强调了理论教育的重要意义。它告诉我们，马克思主义世界观、科学社会主义思想，不可能自发形成，必须由外向内输入，必须有目的、有计划地施以系统影响。马克思早在他的论著中对理论的作用进行了论述，即“理论一经掌握群众，也会变成物质力量”①。同时，他还对理论教育的要求进行了精辟论述，理论要想说服人，就必须彻底抓住事物的根本。理论是改造主观世界的强大思想武器，必须以科学的理论作指导，才能形成正确的世界观和方法论。因此，无产阶级政党一直都非常注重开展理论教育工作，特别强调理论教育在思想先导过程中的意义，强调在革命和建设中把理论教育法作为武装广大无产阶级精神世界的重要方法。在思想政治教育学科中，理论教育法，是教育者有目的、有计划地对教育者进行马克思主义世界观、人生观、价值观的教育，主要通过理论讲授、研讨等具体形式，解决人们的思想问题和认识问题。毛泽东同志历来十分重视党的思想政治工作。他曾经明确指出，掌握思想教育是团结全党进行伟大政治斗争的中心环节。习近平总书记高度重视思想政治工作，他在全国高校思想政治工作会议上强调，“思想政治工作从根本上说是做人的工作，必须围绕学生、关照学生、服务学生，不断提高学生思想水平、政治觉悟、道德品质、文化素养，让学生成为德才兼备、全面发展的人才。”“做好高校思想政治工作，要因事而化、因时而进、因势而新。”

理论教育旨在提高人们运用马克思主义的观点和方法观察问题、分析问题和解决问题的能力。马克思主义揭示了人类社会发展的一般规律，憧憬着人类最崇高的社会理想，是与时俱进的思想理论体系，代表最广大无产阶级的根本利益，是科学的世界观和方法论，是无产阶级革命和社会主义建设的强大思想理论武器，是无产阶级和社会主义建设的行动指南。因此，当前我国党员干部理论教育的核心

① 中共中央马克思恩格斯列宁斯大林著作编译局编译《马克思恩格斯文集》第一卷，人民出版社，2009。

是马克思主义理论教育。开设马克思主义经典著作选读课程，讲授马克思主义的名篇，指导人民群众学习马克思主义的经典著作，使人民群众掌握马克思主义的基本原理、立场、观点和方法，指导自身观察世界和解决问题。马克思主义作为一个开放的理论体系，中国化的马克思主义理论是马克思主义在中国现阶段发展中形成的富有时代气息的理论体系。

党员干部作为加强理论教育的重要对象群体，最根本的是掌握马克思主义的立场、观点、方法，提高其理论素养，培养其战略思维能力。毛泽东强调了党员的理论学习的重要意义，他认为党内有些干部理论水平很低，不懂什么是马列主义，这些干部还要向人家宣传马列主义，这就是一件难事。因此，为了做好宣传工作，为了提高理论水平，每个共产党员首先需要学习马克思主义。马克思主义理论素养是领导干部的必备素质，是保持政治上清醒坚定的基础和前提。努力提高党的领导干部的马克思主义理论水平，不仅领导干部自身成长的必然要求，也是党的事业不断开拓前进的内在要求。习近平高度重视对党员干部理论学习能力的培养，他指出："领导干部要结合学习领会新时代中国特色社会主义思想，多读、精读一些马克思主义经典作家的著作，多读、精读一些马克思主义中国化的经典篇章，掌握贯穿其中的马克思主义立场观点方法，将其内化于心，真正做到对马克思主义虔诚而执着、至信而深厚，真正让理想信念成为自己心中的灯塔，凝聚精气神的灵魂。"①

马克思主义揭示了理论教育法的关键点，即理论教育重在明晰事物的根本道理，只有把事理讲清讲透才能真正从思想上教育人民群众。双面说理是理论教育法中的有效途径和方式，它是指在向人们传授各种思想理论观点时，既要从正面上给予深刻地剖析和阐述，也要分析和批判与之相异甚至相反的思想观点，从而使教育对象全面

① 习近平：《习近平谈治国理政》第三卷，外文出版社，2020。

地把握某一社会现象，以增强正面说理的说服力。双面说理与单面说理相比，既坚持了正确的思想理论的宣传，又使教育对象了解错误的思想理论及其消极影响，有助于教育对象在比较中自觉认同和接受正确的思想理论。因而双面说理能使教育对象更深刻地明白事理。

理论教育的难点是要解决“学马列要精，要管用”的问题，这就要求在运用理论教育法时必须注重实效。尊重人在理论教育中的主体性是调动理论教育对象积极性的核心。马克思主义教育的对象是活生生的人，马克思主义教育的根本理念应是以人为本。马克思主义教育必须注重促进教育对象主体意识的觉醒和自主发展。教育者应把受教育者当成朋友，只有真正热爱他们才能成为高效的教育者。苏霍姆林斯基说：“一个好教师意味着什么？首先意味着他是这样的人，他热爱孩子，感到跟孩子交往是一种乐趣，相信每个孩子都能成为一个好人，善于跟他们交朋友，关心孩子的快乐和悲伤，了解孩子的心灵，时刻都不忘记自己也曾是个孩子。”① 脱离或者不符合教育对象的思想实际，不可能调动和激发其接受理论教育的内在兴趣。

（二）思想动员法

历史经验告诉我们，历史的进步总是通过群众运动实现的。凡是群众运动，都有一个群众思想问题。除了运动本身必须符合历史发展的要求，必须具有历史的合理性外，能否在思想上使人数众多的广大群众统一起来，使整个运动统一认识、统一纪律、统一步调，对运动的成败至关重要。马克思指出，历史活动是人民群众的事业，群众队伍伴随着历史活动的深入而扩大。同时，马克思指出，工人人数众多是工人运动的一个成功因素，但是，只有当群众被广泛组织起来并为知识所指导时，人数众多才能起决定胜负的作用。这就告诉我们，在进行任何一个群体性的社会实践活动中，必须充分地进行社会动员，以科学理论武装群众，才能获得实践的胜利。社会动员对社会成员的

① 苏霍姆林斯基：《帕夫雷什中学》，赵玮等译，教育科学出版社，1983。

影响首先表现在思想发动上，只有通过有目的地影响和改变社会成员的思想和心理状况，才能激发社会成员的参与热情。只有从思想上发动群众，才能真正有效实现社会动员，这正是实现思想先导的基本要求。正如恩格斯所说，人的行动的一切动力，首先要通过他的头脑，转变为他的行动意志和动机。思想动员法旨在运用一定的方式方法，通过有目的、有组织地影响和改变社会成员的思想认识，激发社会成员的主体性意识，使之积极主动地参与各种社会实践。

思想动员是中国共产党革命战争时期实现思想先导的有效形式。毛泽东在革命战争时期非常注重思想动员。他认为，革命战争是人民群众的战争，动员群众是进行战争的首要前提。打倒帝国主义和封建主义的民族和民主革命，只有把广大工农大众动员起来，组织起来，才有可能。他还在《论持久战》中深刻指出了思想动员对于革命战争的极大作用——“兵民是胜利之本”。为此，以毛泽东为首的领导人运用思想动员方法，成功地动员了根据地和解放区的亿万人民群众，确保广大人民群众积极参战，为抗日战争和解放战争的胜利提供了坚实的思想准备。思想动员，简言之就是用思想发动社会成员，其理想的结果具体表现为：用正确的思想掌握群众，将代表先进阶级的正确思想化为广大群众的思想，用正确的思想克服、战胜和代替错误的思想，使人民群众的思想认识统一到正确的思想上来，在正确思想的基础上统一人们的认识和行动。[①] 思想动员是一项复杂、艰巨的活动，要实现思想动员的理想效果，必须掌握和运用思想动员的方法。

思想动员的根本目的在于唤起民众。然而，民众的利益实现是思想动员的首要因素。因为，“‘思想’一旦离开‘利益’，就一定会使自己出丑。”[②] 任何脱离大众利益的理想主义性质的思想动员都将最终失败。毛泽东在新民主主义革命中吸取了以上教训，他根据敌强我

① 骆郁廷：《建设学习型政党提高思想领导能力》，《高校理论战线》2010年第7期。

② 中共中央马克思恩格斯列宁斯大林著作编译局编译《马克思恩格斯文集》第一卷，人民出版社，2009。

弱的革命形势，独立思考出旧中国革命不能胜利的重要原因在于未能利用思想动员的方法调动革命力量。他说：“中国革命干了几十年，为什么至今尚未达到目的呢？原因在什么地方呢？我以为原因在两个地方：第一是敌人的力量太强；第二是自己的力量太弱。……但是主要的是因为占全国人口百分之九十的工农劳动群众还没有动员起来，所以表现了弱……而要打倒帝国主义和封建主义，只有把占全国人口百分之九十的工农大众动员起来，组织起来，才有可能。”① 而唤起民众，首先必须进行思想动员。因此，思想动员的不仅是社会成员个体，更是社会成员群体乃至全体。集中性的思想动员方法在我国抗日战争之初发挥了积极的作用。毛泽东通过《论持久战》一文向党内外的所有社会成员深刻分析了我国抗日战争的国内外形势、有利条件和不利因素、“速胜论”和“速亡论”的错误判断等信息，并根据现实需要通过各种会议集中引导社会成员，牢固树立持久战的作战思想，坚定抗战必胜的意志和信心。随着战时思想政治工作的深入开展，全国人民在抗日战争中的精神面貌得到了明显改善。把思想教育与解决实际问题相结合是思想动员法的基本原则，关注群众中日常发生的一切问题和群众的现实困难，并及时解决，增强群众对思想动员工作的支持力度。

要努力增强思想动员的预见性和超前性。凡事预则立，不预则废。现代社会，社会实践的社会化程度越来越高，参与的人数越来越多，规模越来越大，通过思想动员调动社会成员广泛参与社会实践活动的迫切性日益增强，特别是遇到重大突发事件发生时。突发事件虽然有很大的突然性，但事前总会有蛛丝马迹可以察觉，总会有异常现象可供分析。思想动员主体应善于根据一些“迹象”，正确判断其发展趋势，进而结合各种实际问题，及时地、有针对性地展开思想动员，以争取主动权。在现代社会，充分利用现代宣传手段实施快速的

① 毛泽东：《毛泽东选集》第二卷，人民出版社，1991。

思想动员，也是增强思想动员超前性的有效做法。各级思想动员组织机构在通过传统发文、开会等方式进行思想动员的同时，要迅速启动互联网、电视广播等新媒体宣传工具，把动员主题、有利条件等在第一时间向人们发布，最大限度地从正面予以思想引导和动员。

艺术是方法的集中体现和最高标准，思想动员时还必须掌握和运用思想动员的艺术。国家、政党或社会团体是实施思想动员的主体。在我国社会主义建设新阶段，中国共产党就是实施思想动员的主要主体。合理高效利用思想动员法也是其在建设马克思主义政党、提高思想领导能力时力求掌握的方法。毛泽东在《对晋绥日报编辑人员的谈话》中指出，善于把党的政策变为群众的行动，善于使领导干部和广大群众懂得每一个运动和每一个斗争，是一项马克思列宁主义的领导艺术。思想动员是做人的工作的，是武装人的思想意识、激发人的精神动力的活动。动员群众的方式是“努力宣传，说服群众”①。在对群众进行思想动员时，应反对命令主义，“根据群众的觉悟程度，去启发和提高群众觉悟，在群众出于内心自愿的原则之下，帮助群众逐步地组织起来”②。如果不能用或不善用思想动员的艺术去动员群众、教育群众、组织群众，那么他们的热情和奋斗精神，就无法释放出来，也就无法克服种种困难和心理障碍去战胜社会主义初级阶段出现的各种艰难险阻。思想动员的重点群体是青年学生，青年群体是社会中最积极、最活跃、最有生气的一支力量，肩负着历史重任。列宁指出，“总是青年更乐于跟着革新者走”“总是青年首先投身到忘我斗争中去”③。邓小平也反复强调，一定要经常教育青年。因此，在动员广大群众时，应把青年学生作为主要对象，并根据他们的身心发展规律和接受心理进行积极有效的思想动员。

---

① 毛泽东：《毛泽东选集》第一卷，人民出版社，1991。

② 毛泽东：《毛泽东选集》第三卷，人民出版社，1991。

③ 中共中央马克思恩格斯列宁斯大林编译局编译《列宁全集》第十四卷，人民出版社，1988。

（三）经验总结法

经验即经历、体验，泛指由实践主体在实践中获得的有效知识、技能以及情感和情绪体验。经验可区分为个体经验和群体经验、直接经验和间接经验、专题性经验和一般性经验、消极的保护性经验和积极的建设性经验。[①] 经验总结法是实现思想先导效果的重要方法，指依据社会实践所提供的客观事实，按照科学的程序，通过分析、综合等理论抽象，揭示事物的内在联系和客观规律，促进人们的认识由感性形式转化为理性形式，为以后相同或类似的社会实践提供借鉴的一种有效方法。在思想先导过程中，经验是介于实践与理论之间的桥梁，有助于人们在实践中及时总结，并上升为理论。人们运用经验总结的方法，既能够获得丰富的感性材料，提高观察事物的敏锐性和判断力，又能开扩视野，拓宽实践领域，从理论与实践的结合上提高思想先导的效果。

马克思曾指出，大规模积累的实践经验可以帮助理论的概念形成。经验总结法是人们社会实践中广泛运用的方法，拥有较深厚的群众基础。经验直接来源于人民群众生动的大量的社会实践活动，具有生动、具体、鲜活、情境化等感性认识的色彩，因此经验总结法容易被广大的人民群众采纳。经验总结法具有一定的灵活性，没有特殊的地域和条件限制，人们可以因时制宜、因地制宜地加以运用。实践是产生经验的基础，脱离实践的经验和理论是没有生命力的。正确的思想认识来源于变革的社会实践，并通过反复的实践活动不断总结新的经验，从而促进陈旧思想观念的转变。黑格尔曾指出："真正的思想和科学的洞见，只有通过概念所作的劳动才能获得。"[②] 一般性的经验总结只是对实践活动的一般性总结，存在缺乏深度和不确定性等局限性，因此，经验总结法的适用性就会受到很大的限制。这就必须在获得实践经验的同时，进一步理论抽象，获得事物更为深层次的

① 吴刚平：《教师的教育经验及其意义》，《教师之友》2005 年第 1 期。

② 黑格尔：《精神现象学》上卷，商务印书馆，1962。

本质。只有认真地、科学地总结实践经验，并自觉将经验上升到理论的高度，才能在更大范围内指导实践活动。经验总结不能停留在对事物的表面描述，必须在尽可能多地占有事实材料的基础上，透过现象把握本质。然而，“人的思想由现象到本质，由所谓初级本质到二级本质，不断深化，以至无穷”[①]，列宁指出了在对实践经验进行本质深化时，需要不断地进行理论抽象，获得“特殊的本质”和“共同的本质”。

经验作为客观的实践活动主观化的产物，是人们对实践活动的感性认识，是对事物表面和现象的认识。因此，通过实践而得到的经验通常都是具体的、零散的、带有个性的特征，描述性的语言较多，缺乏深刻和缜密的理论分析。经验总结的过程是一个个独特的主体诉诸主观体验、直觉、情感等来描述对客观事物的理解。如果在总结经验形成思想的过程中，因为个人主观因素太多而导致人们对事物的反映脱离事物的原本状态，将不能获得正确思想。因此在进行经验总结时，人们应尽力避免主观性和随意性。

只有全方位地掌握实践经验总结的各个部分，才能提高经验总结的信度和效度。因此，人们在总结经验时还应把握全面性原则。在收集并分析资料阶段，要做到细致、完整、全面、客观，尽量详细具体，要收集实践活动的中心内容，包括背景材料与历史材料，采用多种方法收集各种文献资料。在广泛收集资料的基础上要对资料进行分析，将经验事实上升为理性认识，需要去粗取精，去伪存真，判断资料的重点和非重点，理清复杂资料的内部结构联系和各种因果关系，运用分类与比较、分析与综合、归纳与演绎等理论抽象。人们应全面考察产生经验的实践活动，既包括活动的整个过程，也包括组成活动的各个环节；既包括动态的观察，也包括静态的观察。同时，要辩证地分析积极的经验和消极的经验。在经验总结提升为理论时，应

① 中共中央马克思恩格斯列宁斯大林编译局编译《列宁全集》第五十五卷，人民出版社，1990。

坚持科学性原则。具有科学的理论依据和可靠的事实依据，是对经验事实的科学的理论抽象的必要条件。一是选择总结的对象应具有典型意义，二是要定性与定量相结合，三是要全面考察多方面的联系，四是要进行理论抽象得出规律性的结论，五是要有创造革新精神，六是要注重以先进经验的总结为主。

（四）舆论引导法

从哲学上看，舆论是社会意识的一个组成部分。在社会意识结构中，它有独特的意义和作用。社会舆论与一般的社会心理不同，它通过传播而存在和起作用。马克思指出，舆论是一种“普遍的、隐蔽的和强制的力量”，舆论可以渗透到社会的各个方面，并且以无形内隐的方式呈现，影响社会公众。有人将舆论比喻为社会的“晴雨表”，是说舆论反映了公众对于现实社会的各种现象、问题的态度和意见，其中蕴含着一定的思想和观点，无形中影响着人们对现实社会以及社会中的各种现象、问题的认识。马克思主义舆论引导的核心就是关注舆论的思想性，始终坚持真理，并旗帜鲜明地批判各种错误思想。《观点才是新闻的精髓》一文中认为，观点新闻是基于新闻事实，有目的地提出并倡导一种正确的、积极的观点，在选题上必须抓住当前热点，在内容上必须具备思考性，在观点上力求新颖独特且立得住。针对热点的时评、针砭时弊的言论、立场鲜明的评论以及一些深度报道中都承载着丰富的思想，能够为读者提供独到的见解和有个性的分析，给读者以启迪和震撼，让读者觉得有所启发、有所收获。正面积极的舆论在振奋精神、激扬民气、凝聚人心、增强合力方面发挥着巨大的作用；错误消极的舆论扰乱视听、混淆是非，对社会上某些错误或偏激思想言论起到推波助澜的作用。正面积极的舆论引导帮助社会成员形成正确思想，负面消极的舆论引导将阻碍社会成员正确思想的形成或者导致社会成员形成错误思想。因此，为了实现思想先导的积极功能，必须研究舆论在人们思想形成中的具体作用，利用舆论引导的方法帮助人们形成正确的思想，发挥思想先导的作用。

新闻媒体具有反映舆论、表达舆论、组织舆论、引导舆论的功能。列宁认为，新闻媒体必须用生活中的生动具体事例和典型来教育群众，而这正是报刊在从资本主义到共产主义的过渡时期的主要任务。重视舆论引导，及时总结舆论引导在思想先导中的作用也是中国共产党的思想政治工作中的重要经验。1959—1960年间，毛泽东同志在学习苏联《政治经济学教科书》的小组上说，变革社会的一般规律是，首先为夺取政权制造舆论，然后解决所有制问题，再大大发展生产力。1962年9月，毛泽东在八届十中全会上也指出，推翻一个政权，总要事先在意识形态方面造成舆论。《中共中央关于加强党的执政能力建设的决定》明确指出，增强党的执政能力建设必须“牢牢把握舆论导向，正确引导社会舆论”，“增强引导舆论的本领，掌握舆论工作的主动性”。重视舆论引导的正确性和有效性，是中国共产党在舆论引导工作中获得的宝贵经验。

理念为先、创新理念是提高当前舆论引导效果的基本要求，可使在社会舆论中形成的正确思想、理论观点深入人心，摒弃错误的社会思想对人们的影响。一是坚持主导宣传理念。坚持以社会主流价值为宣传导向、以正面宣传为主的方针，在舆论宣传中把握社会核心价值观，精心组织系列主题宣传、典型宣传，充分发挥宣传报道的阐释、前瞻、分析和激励功能，进而统一人们的思想和行动。二是坚持科学引导理念。适应受众的接受心理和接受方式，做到用事实说服人、用真情感动人、用道理教育人，提高舆论引导艺术。三是坚持全媒体传播理念。遵循全媒体的舆论引导业态规律，互联网具有开放性、互动性、海量性等优势，平面媒体中信息的真实性、权威性是新媒体不可替代的，充分发挥各类媒体的特点和作用，构筑由以平面媒体为代表的传统媒体和以互联网为代表的新媒体合力形成的强大舆论场。既鼓励传统媒体组织宣传、引导舆论，又鼓励新媒体抢占先机、互动参与，促进传统媒体与新兴媒体在舆论引导中的融合，形成相互配合、相互补充的全媒体传播体系。党性原则是马克思主义新闻观中的首要原则。舆论引导的党性原则，其根本要求就是要把握正确的舆论导向。坚持“以正确的舆论引导人”是马克思主义舆论引导法的基本原则。马克思在谈到报评时说，应鞭挞和匡正一些报纸的奴颜婢膝和卑鄙行径，引导一些新闻人为人类自由作出崇高的努力。按照新闻传播的规律开展舆论引导工作，才能有效实现新闻媒体在舆论引导中的积极功能。在马克思看来，各种新闻媒体都有自己的特点、内容、风格和规律。当前，面对社会思潮多元化的新情况，要提升党的舆论引导工作的科学化水平，首先必须在舆论引导工作中遵循新闻传播规律。一是根据人们的生活区域、生活方式、心理素质、思想意识形态、社会地位、思维方式、受教育程度，把握舆论受众的特征，提高党的舆论引导工作的针对性。二是在舆论宣传中遵循规律，讲究艺术，从可信性、权威性、贴近性、时效性等方面着手，注意“势”的营造与“度”的把握，注意理性力量与感情因素的平衡。三是通过对话进行舆论引导。一位学者指出，如果说传统的农耕社会和工业社会提供给舆论活动的是湖泊的话，那么信息社会给社会舆论活动创造的是汪洋大海。[①] 从传播学角度看，“对话”是传播过程中的传受双方进行意见沟通、交流和互动的有效方式。只有实现信息公开和平等交流，才能以正确的价值观引导广大群众。美国格根教授指出，如果你能让新闻界惊讶于你的坦率，你可能就会惊讶于新闻界的理解和宽容。“对话”可以增加舆论事件的透明度，能告知公众事实真相，最大程度地满足群众的知情权。随着媒体技术的快速发展、迭代升级，舆论主阵地向网络空间转移，网络空间交互性、匿名性等特点，使得信息的生产和传播方式，以及人们的信息接收、交往方式均发生了深刻变化。线上和线下、国内和国外两个舆论场边界模糊、渗透融合，舆论环境变得更加复杂多变。在这种形势下，更需要充分发

① 童世骏主编《意识形态新论》，上海人民出版社，2006。

挥新闻舆论的引导作用，持续巩固壮大以习近平新时代中国特色社会主义思想为核心的主流思想舆论阵地，让党的声音传得更开、更广、更深入，让党的主张成为时代最强音，凝心聚力，为实现中华民族伟大复兴提供有力舆论支撑。习近平总书记要求：“坚持正确舆论导向，高度重视传播手段建设和创新，提高新闻舆论传播力、引导力、影响力、公信力。”①

（五）专家引领法

专家是指在学术、技艺等方面有专门研究或特长的人，他们是引领社会发展的稀有资源。在思想先导过程中，专家引领是实现思想先导的有效支持。专家引领法是发挥知识分子特别是思想家在思想理论建设中的积极作用，主要通过理论创新和理论传播等途径，积极有效地引领社会思想理论的持续发展。理论专家是在社会各个领域中发现或者提出重大理论的人。理论专家的工作重点即学术研究和理论创新。毛泽东结合我国的社会发展实际指出了理论家解释世界的工作使命，“我们所要的理论家是什么样的人呢？是要这样的理论家，他们能够依据马克思列宁主义的立场、观点和方法，正确地解释历史中和革命中所发生的实际问题，能够在中国的经济、政治、军事、文化种种问题上给予科学的解释，给予理论的说明。”② 理论创新是马克思主义发展的不竭动力，在理论创新过程中，理论家发挥了极为重要的作用。

在我国马克思主义发展史上，马克思主义专家学者们在中国社会主义建设的各个历史时期，根据客观形势的变化，对马克思主义进行了深入分析和辩证思考，适时地推动了马克思主义的发展，成为引领我国革命、改革和发展事业中的理论先锋。纵观中国马克思主义发展的历史，不难发现，专家学者们直面时代，始终把发展马克思主义作为其价值旨归和目标取向。在历史发展的各个时期，他们根据中国

① 习近平：《习近平著作选读》第二卷，人民出版社，2023。

② 毛泽东：《毛泽东选集》第三卷，人民出版社，1991。

社会发展的特点，撰写有关马克思主义中国化的系列文章。在建国以前，知识分子侧重于对马克思主义基本原理的研究，通过各种途径和载体大力介绍马克思主义基本原理。新中国成立后，一大批学者对马克思主义中国化的研究进入高潮。如艾思奇在 20 世纪 60 年代主编了《辩证唯物主义历史唯物主义》，完整而系统地介绍了马克思主义哲学。改革开放后，一批专家学者编辑出版了党的重要领导人的著作和文章，整理出版了党在各个历史时期的重要文献，编辑出版了权威的学习纲要和读本。新世纪新阶段，随着中央马克思主义理论建设工程的实施，学者们便投入到对马克思经典原著的研究中，于 2009 年出版了《马克思恩格斯文集》和《列宁专题文集》。同时，一些专家学者还编写了大量有关马克思主义理论创新的论著和文章，如侯惠勤的《马克思主义中国化理论创新 30 年（1978—2008）》、梅荣政主编的《新的理论视野和理论创新：当代马克思主义的最新理论成果》、夏东民编著的《马克思主义中国化理论创新规律与历程研究》、曾长秋编著的《马克思主义在中国的理论创新》等。

知识分子是引领社会历史发展的重要力量。列宁曾说过："因为大学生是最敏感的部分，而知识分子之所以叫作知识分子，就是因为他们最自觉地、最彻底地、最准确地反映和表现了整个社会的阶级利益的发展和政治派别的发展。"① 新世纪以来，国内国际形势发生了深刻变革，改革开放中涌现出许多新情况新问题，人们的价值观念也日趋多元，马克思主义的专家学者必须自觉担起马克思主义时代化的重任，根据变化和发展的新情况，进一步发挥社会主义核心价值体系在中国社会现代化转型中的引领作用。当前，随着马克思主义理论一级学科的建立，一些专家学者开始关注和研究马克思主义的整体性问题。

我国知识分子是社会变革的理论先锋，历来有浓厚的家国情怀，

① 中共中央马克思恩格斯列宁斯大林编译局编译《列宁全集》第七卷，人民出版社，1986。

有强烈的社会责任感，重道义、勇担当，“修身齐家治国平天下”，“为天地立心，为生民立命，为往圣继绝学，为万世开太平”，“先天下之忧而忧，后天下之乐而乐”，这些思想为一代又一代知识分子所尊崇，他们在重大社会变迁时期均扮演了思想引领者的角色。如我国五四新文化运动就是一批先进知识分子高举“民主”“科学”的旗帜，以《新青年》杂志为阵地，广泛宣传先进思想，发挥了“开民智”“启民慧”的作用，一度在社会思潮领域极力引导民众的精神生活，并且越来越多地接触、研究马克思主义理论，为我国新民主主义革命发挥了积极有效的思想先导作用。在社会主义建设初期，我党为了充分发挥知识分子在思想引领中的积极作用，明确提出了对待知识分子的政策和具体的要求，其中包括：充分了解、信任和支持知识分子，使他们能够积极地进行工作；合理安排知识分子的工作，使他们能够发挥理论专长；改善知识分子的工作条件和物质待遇；在政治上改善知识分子待遇，积极组织他们下乡改造。中国特色社会主义进入新时代，广大知识分子要把爱国之情、报国之志融入祖国改革发展的伟大事业之中，融入人民创造历史的伟大奋斗之中，积极投身创新发展实践，想国家之所想，急国家之所急，紧紧围绕经济竞争力的核心关键、社会发展的瓶颈制约、国家安全的重大挑战，不断增加知识积累，不断强化创新意识，不断提升创新能力，不断攀登创新高峰，为实现“两个一百年”奋斗目标、实现中华民族伟大复兴的中国梦贡献智慧和力量。

营造宽松、自由的学术环境是发挥知识分子引领思想的必要条件。“知识分子是一个自由社会的眼、耳、喉舌：他的工作就是观察世界上的各种事件，估定其价值并知会所有其他领域的人。一个自由的社会必须是一个见识广博的社会”[①]。知识分子主要是以脑力劳动的形式从事各项工作和事业，服务于社会和人民的。他们的劳动和工

① 兰德：《致新知识分子》，新星出版社，2005。

作有着相对独立的特点，主要表现为独立思考、独立判断、独立创造。没有这种相对独立性，就不可能有精神产品的创造，也不可能有思想文化和科学知识的积累和传承。独立的思想是知识分子的灵魂，有效的思考是知识分子的准则。[①] 知识分子就是从事精神生产；构筑和创造某种思想、理论、学说，并使它为别人所接受；要保持一种创造性、一种批判精神，在理想与现实之间保持某种独立、自由精神。[②] 知识分子一方面是意识形态最本质的创建者、担当者、操控者，同时，知识分子有可能是意识形态最致命的批判者甚至颠覆者。[③] 当前，我国进入向第二个百年奋斗目标进军的新发展阶段，随着人们日益增长的精神文化需要，必须充分发挥知识分子在思想文化建设中的“思想库”和“智囊团”的作用，大力提倡“尊重知识、尊重人才”的良好社会氛围，使知识分子在思想先导中真正成为理论先锋。

① 童世骏主编《意识形态新论》，上海人民出版社，2006。
② 童世骏主编《意识形态新论》，上海人民出版社，2006。
③ 童世骏主编《意识形态新论》，上海人民出版社，2006。

参考文献

（一）经典著作与重要文献类

[1] 中共中央马克思恩格斯列宁斯大林著作编译局. 马克思恩格斯文集 [M]. 北京：人民出版社，2009.

[2] 中共中央马克思恩格斯列宁斯大林著作编译局. 马克思恩格斯选集 [M]. 北京：人民出版社，1995.

[3] 中共中央马克思恩格斯列宁斯大林著作编译局. 马克思恩格斯全集：第 1 卷 [M]. 北京：人民出版社，1995.

[4] 中共中央马克思恩格斯列宁斯大林著作编译局. 马克思恩格斯全集：第 2 卷 [M]. 北京：人民出版社，2005.

[5] 中共中央马克思恩格斯列宁斯大林著作编译局. 马克思恩格斯全集：第 3 卷 [M]. 北京：人民出版社，2002.

[6] 中共中央马克思恩格斯列宁斯大林著作编译局. 马克思恩格斯全集：第 10 卷 [M]. 北京：人民出版社，1998.

[7] 中共中央马克思恩格斯列宁斯大林著作编译局. 马克思恩格斯全集：第 19 卷 [M]. 北京：人民出版社，2006.

[8] 中共中央马克思恩格斯列宁斯大林著作编译局. 马克思恩格斯全集：第 32 卷 [M]. 北京：人民出版社，1998.

[9] 中共中央马克思恩格斯列宁斯大林著作编译局. 列宁选集：第 1—4 卷 [M]. 北京：人民出版社，2012.

[10] 中共中央马克思恩格斯列宁斯大林著作编译局. 列宁全集：第 1—7 卷 [M]. 北京：人民出版社，2013.

[11] 中共中央马克思恩格斯列宁斯大林著作编译局. 列宁全集：第 8—36 卷 [M]. 北京：人民出版社，2017.

[12] 毛泽东. 毛泽东选集 [M]. 北京：人民出版社，1991.
[13] 中共中央文献研究室. 毛泽东文集：第 2 卷 [M]. 北京：人民出版社，1993.
[14] 中共中央文献研究室. 毛泽东文集：第 3 卷 [M]. 北京：人民出版社，1996.
[15] 中共中央文献研究室. 毛泽东文集：第 7 卷 [M]. 北京：人民出版社，1999.
[16] 中共中央文献研究室. 毛泽东文集：第 8 卷 [M]. 北京：人民出版社，1999.
[17] 中共中央文献研究室. 毛泽东著作专题摘编（上）[G]. 北京：中央文献出版社，2003.
[18] 中共中央文献研究室. 毛泽东年谱 1949—1976：第 1、4 卷 [G]. 北京：中央文献出版社，2013.
[19] 周恩来. 周恩来选集：下卷 [M]. 北京：人民出版社，1984.
[20] 中共中央文献研究室. 刘少奇年谱（1898—1969）：上卷 [M]. 北京：中央文献出版社，1996.
[21] 邓小平. 邓小平文选：第 1—2 卷 [M]. 北京：人民出版社，1994.
[22] 邓小平. 邓小平文选：第 3 卷 [M]. 北京：人民出版社，1993.
[23] 江泽民. 江泽民文选：第 1—3 卷 [M]. 北京：人民出版社，2006.
[24] 胡锦涛. 胡锦涛文选：第 1—3 卷 [M]. 北京：人民出版社，2016.
[25] 习近平. 习近平著作选读：第 1 卷 [M]. 北京：人民出版社，2023.
[26] 习近平. 习近平著作选读：第 2 卷 [M]. 北京：人民出版社，2023.
[27] 习近平. 习近平谈治国理政：第 1 卷 [M]. 北京：外文出版社，2018.
[28] 习近平. 习近平谈治国理政：第 2 卷 [M]. 北京：外文出版社，2017.
[29] 习近平. 习近平谈治国理政：第 3 卷 [M]. 北京：外文出版社，2020.
[30] 习近平. 习近平谈治国理政：第 4 卷 [M]. 北京：外文出版社，2022.
[31] 习近平. 之江新语 [M]. 杭州：浙江人民出版社，2007.
[32] 习近平. 干在实处 走在前列：推进浙江新发展的思考与实践 [M]. 北京：中共中央党校出版社，2006.

（二）学术专著类

[1] 郑永廷等. 人的现代化理论与实践 [M]. 北京：人民出版社，2006.
[2] 王玄武，骆郁廷. 思想教育、政治教育、道德教育比较研究 [M]. 武汉：武汉大学出版社，2002.

[3] 骆郁廷. 精神动力论 [M]. 武汉：武汉大学出版社. 2003.

[4] 骆郁廷. 思想政治教育引论 [M]. 北京：中国人民大学出版社，2018.

[5] 骆郁廷. 思想政治教育原理与方法 [M]. 北京：北京师范大学出版社，2019.

[6] 骆郁廷. 思想政治教育贯通论 [M]. 北京：人民出版社，2023.

[7] 张耀灿，郑永廷，吴潜涛，等. 现代思想政治教育学 [M]. 北京：人民出版社，2006.

[8] 郑永廷. 现代思想道德教育理论与方法 [M]. 广州：广东高等教育出版社，2000.

[9] 郑永廷. 社会主义意识形态发展研究 [M]. 北京：人民出版社，2002.

[10] 陈万柏，张耀灿. 思想政治教育学原理 [M]. 北京：高等教育出版社，2007.

[11] 景中强. 马克思精神生产理论研究 [M]. 北京：中国社会科学出版社，2004.

[12] 毕红梅，李东升. 当代西方思潮与思想教育 [M]. 武汉：华中师范大学出版社，2010.

[13] 张世欣，周凌. 思想教育活力论：思想道德教育理念的若干甄辨 [M]. 杭州：浙江大学出版社，2009.

[14] 张世欣. 思想教育规律论 [M]. 杭州：浙江大学出版社，2008.

[15] 孙其昂. 思想教育与理论创新 [M]. 合肥：安徽大学出版社，2005.

[16] 郭建宁. 实践发展与理论创新 [M]. 北京：北京大学出版社，2010.

[17] 侯惠勤. 马克思主义中国化理论创新 30 年：1978—2008 [M]. 北京：中国社会科学出版社，2008.

[18] 何毅亭. 理论创新与时代精神 [M]. 北京：人民出版社，2007.

[19] 夏东民. 马克思主义中国化理论创新规律与历程研究 [M]. 长春：吉林人民出版社，2007.

[20] 董京泉. 社科研究与理论创新 [M]. 北京：社会科学文献出版社，2003.

[21] 陶柱标. 十六大理论创新哲学解析 [M]. 北京：中国社会科学出版社，2003.

[22] 赵存生，赵可铭. 理论创新与 21 世纪的中国 [M]. 北京：北京大学出版社，2001.

[23] 王玉周，朱康有. 解放思想论纲 [M]. 北京：红旗出版社，2008.

[24] 王征国. 思想解放论：解放思想与观念变革研究 [M]. 长沙：湖南人民出版社，1998.

[25] 宋伟. 后理论时代的来临：当代社会转型中的批评理论重构 [M]. 北京：文化艺术出版社，2011.

[26] 顾友仁. 中国传统文化与思想政治教育的创新 [M]. 合肥：安徽大学出版社，2011.

[27] 张志丹. 意识形态功能提升新论 [M]. 北京：人民出版社，2017.

[28] 刘建军. 马克思主义信仰研究 [M]. 北京：中国人民大学出版社，2021.

[29] 杜威. 哲学的改造 [M]. 许崇清，译. 北京：商务印书馆，2009.

[30] 雅斯贝尔斯. 什么是教育 [M]. 童可依，译. 北京：生活·读书·新知三联书店，2021.

（三）期刊报纸学位论文类

[1] 韩晓锋. 论思想政治工作的思想先导作用 [J]. 辽宁教育行政学院学报，2004 (09)：47-48.

[2] 董立，王波，周广峰. 从改革开放以党的思想理论变迁看哲学在社会变革中的先导作用 [J]. 胜利油田师范专科学校学报，2003 (02)：25-26.

[3] 陈章亮. 解放思想是怎样成为改革开放先导的 [J]. 北京行政学院学报，2008 (06)：50-54.

[4] 孙周秦. 宣传思想工作要在构建和谐社会中发挥先导作用 [J]. 党的建设，2006 (02)：29.

[5] 贾义保. 试论社会主义精神文明的先导作用 [J]. 天中学刊，2001 (04)：18-20.

[6] 赖敏. 思想解放是改革开放实践的先导 [J]. 中共南宁市委党校学报，2008 (Z1)：23-25.

[7] 何雄. 文化冲突背景下的青年思想引导工作对策研究 [J]. 中国青年研究，2009 (10)：36-39.

[8] 公方彬. 中西方国家思想引导方法比较 [J]. 江淮，2004 (03)：27-28.

[9] 陈新汉. 关于理论创新的哲学沉思 [J]. 上海交通大学学报（社会科学版），2001 (02)：9-15.

[10] 张聿忠. 论哲学社会科学理论创新 [J]. 山西大学学报（哲学社会科学版），2003 (05)：1-7.

[11] 袁贵仁. 论继续解放思想 [J]. 哲学研究，2008（07）：12-14.

[12] 姬建民. 解放思想30年断想 [J]. 思想政治工作研究，2008（03）：50.

[13] 姜金生. 党对农民思想引导的创新载体探析 [D]. 长春：中共吉林省委党校，2009.

[14] 董怡，陈根来. 简析社会科学理论创新机理 [J]. 天津社会科学，2007（03）：66-68.

[15] 徐志远. 试论思想政治教育学范畴的类型及内在关系 [J]. 江汉论坛，2002（04）：81-84.

[16] 牛君. 试论解放思想的价值取向及其实践路径 [J]. 福建党史月刊，2009（20）：16-18.

[17] 熊丽英. 马克思主义中国化与解放思想 [J]. 湖南社会科学，2009（01）：22-25.

[18] 庄严. 对马克思唯物史观历史主体的深层理论思考 [J]. 北方论丛，2005（05）：124-126.

[19] 宋亚伟. 试论历史唯物主义对人类社会发展的整体预设 [J]. 湖北社会科学，2009（07）：10-12.

[20] 刘新刚，吴倬. 马克思社会发展理论的方法论变革的当代思考 [J]. 理论学刊，2008（04）：62-66+128-129.

[21] 杜言敏. 代表中国先进文化的前进方向是我国社会转型的先导 [J]. 实事求是，2001（01）：6-8.

[22] 肖应红. 马克思主义意识形态理论及其对我国主流意识形态建设的指导意义 [J]. 思想理论教育导刊，2011（01）：13-15.

[23] 石云霞，陈曙光. 坚持与时俱进，不断开拓马克思主义中国化新境界 [J]. 学习与实践，2009（02）：72-77.

[24] 王德军. 人的目的性活动与人的自我生成 [J]. 自然辩证法研究，2007（01）：1-4+13.

[25] 吴波. 社会发展的规律性与人的目的性 [J]. 江苏大学学报（社会科学版），2010（09）：1-6.

[26] 刘曙光. 合规律性合目的性的活动是现实的人的本质 [J]. 衡阳师范学院学报（社会科学），2000（02）：1-7.

[27] 骆郁廷. 马克思主义大众化与思想政治工作［J］. 思想政治工作研究，2008（01）：23-25.

[28] 袁汭文. 试论刘少奇党的理论建设思想［J］. 中共云南省委党校学报，2011（05）：46-48+70.

[29] 高正礼，赵祝涛. 毛泽东坚持理论创新的历史特点和当代启示［J］. 中国特色社会主义研究，2023（05）：103-110.

[30] 肖贵清. 党的二十大对中国式现代化理论的丰富和发展［J］. 东北师大学报（哲学社会科学版），2022（06）：28-34+65.

[31] 刘爱玲. 不断深化对党的理论创新的规律性认识［J］. 人民论坛，2023（23）：109-111.

[32] 周建超. 人民的创造性实践是理论创新的不竭源泉［J］. 红旗文稿，2023（22）：25-27.

[33] 周建超. 在科学回答“四个之问”中深刻把握党的理论创新智慧［J］. 马克思主义理论学科研究，2024（02）：24-32.

[34] 陈家付. 习近平文化思想的内在逻辑、理论创新和重大贡献［J］. 思想理论教育导刊，2024（01）：29-38.

[35] 肖桂清，贺正凯. 以习近平文化思想引领新时代社会主义文化强国建设［J］. 中国高校社会科学，2024（02）：4-14+157.

[36] 沈壮海. 以社会主义先进文化引领社会文化发展［N］. 光明日报，2010-02-09（09）.

[37] 何毅亭. 以理论创新推进马克思主义中国化［N］. 光明日报，2015-10-08（16）.

[38] 王斯敏，王琎. 扎根现实、挖掘“富矿”，以理论研究回答时代课题［N］. 光明日报，2020-08-27（07）.